WIZARD

普通でない利益を得る

フィリップ・A・フィッシャー［著］
長尾慎太郎［監修］
井田京子［訳］

Pan Rolling

Common Stocks and Uncommon Profits and Other Writings 2nd Edition
by Philip A. Fisher

This translation published under license with the original publisher John Wiley & Sons International Rights, Inc. through Japan UNI Agency, Inc., Tokyo

監修者まえがき

本書はグロース投資のパイオニアであるフィリップ・フィッシャーによる〝Common Stocks and Uncommon Profits〟の邦訳である。これはフィッシャーにとって最初の著作で、多くの投資家に読み継がれてきた。また、熱心な読者のなかにウォーレン・バフェットがおり、彼の投資スタイルの変化に多大な影響を与えたことが知られている。バリュー投資とグロース投資は一般的には対極的なものとして位置づけられているが、ベンジャミン・グレアムの主張と本書を比較すると、前者が現在の事実を調べることに注力し、後者が将来の可能性を評価することに重点を置くという違いはあるが、考え方は驚くほど似通っている。バフェットにとってこれらを統合し、独自の投資スタイルの創造へと繋げることは自然な流れだったに違いない。

さて、フィッシャーのアプローチの大きな特徴の一つとして「周辺情報利用法」がある。これは投資の妥当性を確保するトライアンギュレーションとして位置づけられるが、一見このステップはかなりの困難を伴う。だが、フィッシャーはネットワークによる「弱い紐帯の強み」と集合知の利用によって、これを容易に実行している。であるならば、周辺情報の利用は二〇世紀半ばよりも情報通信技術による社会ネットワークの発達した現在のほうがむしろはるかに簡単である。

ところで、今回の邦訳は初版ではなくその後に改定された最新版に基づいている。これの付加的な価値は、後年加筆された知見や反省によって、より深化した方法論が学べることに加え、著者の息子であるケン・フィッシャー（フィッシャー・インベストメンツのＣＥＯ［最高経営責任者］で、**『ケン・フィッシャーのＰＳＲ株分析』**［パンローリング］の著者）による興味深い解説にある。この大部な導入部は、伝説の人物としてではなく、ひとりの人間としてのフィッシャーの人となりを伝えるだけではなく、なぜ息子が偉大な父親とは独立した形で社会的成功に至ったかの謎解きにもなっている。フィッシャーによる最高の成功事例はモトローラへの投資だとされているが、本当は事業家としてのケンを間接的に創り出したことなのではないか。

翻訳にあたっては以下の方々に心から感謝の意を表したい。翻訳者の井田京子氏は、著者独特の難解な文体の本書を分かりやすい日本語にしていただいた。そして阿部達郎氏は丁寧な編集・校正を行っていただいた。また本書が発行される機会を得たのはパンローリング社社長の後藤康徳氏のおかげである。

二〇一六年六月

長尾慎太郎

この本を「もう決めたから、事実を示して混乱させないでくれ」とは考えないすべての
機関投資家と個人投資家に捧げる。

目次

株式投資で普通でない利益を得る

まえがき――父の本から学んだこと

ケネス・L・フィッシャー

この本は、あなたのなかで大きく育っていく。そう言い切れるのは、私自身が経験したことだからだ。私が本書を理解するのに約一五年かかった。初めて読んだときはさっぱり分からなかった。私はまだ八歳で、この本は素晴らしい夏休みの始まりを台無しにした。辞書を引かなければ分からない言葉ばかり出てきてうんざりした。それでも、誇りに思っている父が書いた本だと思ってがんばった。この本が大きな評判を呼んでいることは、学校や近所で耳にしていたし、地元紙にもそう書いてあった。また、ニューヨーク・タイムズ紙のベストセラーリストに初めて載った投資本だとも聞いた。意味は分からなかったが、すごいことなのだろうと思った。とにかく、この本を読むことは私にとって義務だとすら感じていた。そして、やっと読み終わったときはこの本から解放され、やっと夏休みを満喫できると思った。

当時、私がのちに大きな投資会社を設立し、何千人もの顧客の資金を運用し、自分も本を書き、フォーブス誌で八年以上コラムを執筆するという素晴らしい経験をし（同誌史上六番目に長い連載となった）、そこで「年間最優秀」投資書籍の書評を書いたり、たくさんの本を勧めたりするようになるなど、だれが想像しただろうか。もしかしたら、それというのも当時はまったく理解できなかったが、八歳のときに初めて投資本を読んだことが遠因なのかもしれない。

私が次にこの本と真剣に向き合ったのは、大学卒業を控えた二〇歳のときだった。父が、兄と私に父の会社で働かないかと声をかけてくれたのだ。私は、不安と懐疑心と、この仕事が本当に自分にとってのチャンスなのかという興味を抱いていた。そこで、再び本書を手に取ったのだ（このときは分からない言葉はほとんどなかった）。

父が指摘した株式投資の一五のポイントを読んで、私はそれを地元の株に応用してみたくなった。これがうまくいけば、父と一緒に働くメリットを確認できると思ったのだ。

結果は、うまくはいかなかった。私は、かなりの利益が見込めそうな会社として、地元の証券取引所に上場されていたパシフィック・ランバーという材木会社に目をつけた。しかし、私のような分析も何もできない若造が、競争力が知りたいなどという未熟な考えで話を聞きに行っても、だれも相手にしてはくれなかった。私は効果的な質問の仕方さえ知らなかったのだ。事実を聞こうと質問を携えて訪ねた数人の人に断られた段階で、私はあきらめた。しかし、このことで私はもっと自分の能力を高める必要があることを知った。

父の下で働くのは困難の連続で、私がプロとして初めて買った逆「一〇倍株」（つまり一〇分の一に下がった株）と通じる部分があった。こんなことを書くのは、学校で一番をとったことがなくても、有名大学を出ていなくても、誇るべき大きな成果がなくても、二〇代の若造がほんの数年で本書の原理原則を理解し、実践することができるようになったことを知ってもらいたいからだ。つまり、あなたにもできる、私と同じように。

一五のポイント

私のようにこの業界に入ったばかりで、自分で株も買ったことがない若者にとって、何を売るかよりも何を買うかのほうがはるかに重要に見えた。幸い、正しい株を探して買えば、それを長く保有できるため、売ることの重要性はかなり下がるということをこの本は教えてくれた。そして、何を買うべきかは、父が挙げた一五のポイントを見ればよく分かった。

父の一五のポイントを応用することは、父が「周辺情報利用法」と呼ぶ手法を使ってさまざまな株の情報を集めるために実世界で経験を積むことだった。そして、これは非常にうまくいった。仕事を始めてすぐにこの一五のポイントがどれほど成果を上げる助けになったかをここで詳しく説明するつもりはない。ただ、いくつかの素晴らしい株を見つけたことで、私の仕事は軌道に乗り、素晴らしい恩恵を受けることができた。この一五のポイントがあれば、私は調べている会社の位置づけと、これから先も繁栄するのか（あるいはしないのか）が分かるようになったのだ。そして、もし繁栄しないのであれば、その原因は何なのだろうか。私は、自分が大学時代に一五のポイントを試して失敗した理由がすぐに分かった。この技法の神髄は周辺情報のなかにあり、どんな技法でもそうだが、これも習得するには時間がかかるのである。周辺情報を利用するということは、その会社の本当の強さや弱さを（ウォール街からではなく）「実体経済」から探すということだ。ほとんどの人たちはこの手法を使わずに、地元のうわさやウォール街の雑音に頼って株を選んでいるが、これら多くの情報は何かを売る目的で流されたものでしかない。

二〇世紀が終わり、二一世紀が始まったが、周辺情報利用法の威力はだれの目にも明らかかと思いきや、そうでもなかった。本書の一五のポイントを使ってウォール街ではなく、「実体経済」から情報を得ていれば、二〇〇〇～二〇〇二年のベア相場で悪名をはせたスキャンダル銘柄はだれも買わなかったはずだからだ。例えば、エンロン、タイコ、ワールドコムなどは、簡単に避けられたはずの銘柄だった。これらの株を買っていたのは、「実体経済」を検証して事業の強みを調べずに、うわさやウォール街の意見で判断してしまった人たちだった。一五のポイントは、投資対象となる会社のごまかしができない根本的な特徴を知るための手段なのである。周辺情報利用とは、たわ言に惑わされずに、競合他社や顧客や納入業者などといった投資対象となる会社と利害関係がある人たちすべてから情報を得ることで、そのなかには否定的な見方をせざるを得ない人たちも含まれている。例えば、調べている会社のライバル企業のセールスマンの話を聞くとしよう。通常、彼らはそもそも競合他社には負のバイアスを持っているが、本当に素晴らしい会社ならば、そのバイアスが感じられないことが多い。また、ライバル会社の社員や経営陣に話を聞きに行くこともある。もし彼らがみんな投資対象となる会社の素晴らしい実態と強さを認め、尊敬し、恐れすら抱いていれば、その会社はエンロンやアデルフィアのようなことにはならないということなのである。この情報は信頼できる。

周辺情報利用とは、一五のポイントの特徴を確認するための一種の創造活動とも言える。これはピアノを学ぶこと（技法）とそのあと作曲すること（創造）の違いとでも言ったらよいだろうか。創造活動ができるようになるのには時間がかかる。作曲も、かなり自由に弾けるようになってからしかできないと思う。どのような分野でも、技法は繰り返すことで学ぶことができるし、それ以外の方法はない。一方、創造されたものは自分で作ることができなくても楽しむことができる。あるいは、技法を極めれば、その人自身が作品（または創造者）になれるかもしれない。本書を読めば、父の芸術的なセンスを感じることができるが、その多くは常識なので、学ぶのにさほど時間はかからない。残念なのは、多くの人が常識を応用すればよいということを知らないため、それを試そうともしないことだ。しかし、本書を読めばその方法が分かる。

一五のポイントについて少し考えてみよう。あなたがまだ読んでいないことは分かっている。そこで、これが規定していることを率直に書くことにする。そうすれば、これらが持つあらゆる局面で必要とされる特性がすぐに分かると思う。そのうえで父の言葉から詳細を学び、味わってほしい。

父が挙げた一五のポイントは、何を買うべきかの処方箋である。これらのポイントは、どのような会社が大きな可能性を秘めた製品や市場を持ち、現在よりもはるかに優れた製品を生み出す決意を持った経営陣がいるかを示している。この処方箋は将来、製品を生み出すために現在どれくらい効率的な研究が行われているかと、それらの製品をあらゆる障害に打ち勝って市場に送り出す販売部隊がどれくらいの規模と効率性を持っているかを見るためのものでもある。とても未来志向の考え方だ。それに、原産物の利益率と、売上総利益率と、総利益と管理費の比率が十分高いということでもある。これは、利益率と全社員（忠実で、生産性が高い）の幸せを未来永劫、維持し、向上させる現実的かつ具体的な計画でもある。そして、もちろん厳密なコスト管理と、時には業界の異端者と言われても、同業他社を上回る利益率を達成できるということでもある。最後に、このような会社には、これらのことをすべてまとめて牽引していく率直で、明快で、間違いなく誠実な経営陣がいなければならない。

ここで、スキャンダル株や、それ以外の割高株について考えてみよう。これらの銘柄のなかで、周辺情報利用法のテストにパスするものはひとつもない。競合他社と話してみれば、彼らがその会社を強力なライバル会社とはみなしていないことが分かるからだ。また、顧客や出入りの業者と話をすれば、彼らもさほどの評価をしていないことが分かる。顧客がそう思うのは、ライバル会社の製品とあまり変わらないからだ。出入りの業者がそう思うのは、ほかの取引先のほうが好調で、発注も多いからだ。発注の少なさは、実際の売り上げがないことを示している。そして、ライバル会社が畏敬の念を持たないのは、彼らが競争上不利だと感じていないからなのである。

一五のポイントをチェックすることは、二〇〇〇～二〇〇二年のベア相場でスキャンダル株を簡単に除外しただけでなく、いわゆる九五％クラブと呼ばれていた株も除外した。九五％クラブというのは、インターネットという幻想によって一九九九年に実体がないまま高騰したあと、ベア相場で九五％以上下落したＩＴ株のことである。これらの多くは、実際の販売部隊を持っておらず、もちろんライバルに恐れられることもなく、採算も取れず、利益率を達成することも改善することもなく、基本的な研究もしておらず、将来、自己資本を補充しなければ存続することすらできないような会社だった。理由はほかにもたくさんある。これらの会社は、一五のポイントの半分も満たすことができないし、ほかにもたくさんの会社を排除することができたはずだ。反対に、過去何十年かの間に一五のポイントの評価で排除されなかった会社についても考えてみてほしい。これらの会社は、安くても、高くても、実態のある会社で、成長株志向でもバリュー株志向でも、小型株志向でも大型株志向でも、金融市場の荒波を乗り越えてきてくれたはずだ。

目標と周辺情報利用法

父と私は、目指すところがいつも違っていた。しかし、本書は私たち両方の役に立った。きっとあなたの役にも立つだろう。父は生涯のほとんどの時期を成長株投資家として過ごした。父はそういう人だった。一方、私は若いころは、さまざまな理由から、バリュー投資を行っていた。しかし、今ではバリュー株投資、成長株投資、大型株投資、小型株投資といったスタイルに限定されることなく、投資したいものに投資している。ただ、その話は本書の範疇ではないのでこのくらいにしておこう。いずれにしても、かつて若いバリュー投資家だったころ、一五のポイントはとても役に立った。一九七〇年代半ばに、素晴らしい業績を上げていたのに、見過ごされていた質が高くて安い株をいくつも見つけることができたからだ。父の目的は、大きく成長し続ける株を妥当な価格で買うことで、実質的に売るつもりはなかった。私は素晴らしい会社でもウォール街でのイメージが悪いためにあきれるほど安くなっている株を買って、五～一〇年のうちにファンダメンタルズが大きく向上して株価が何倍にもなったところで売りたいと思っていた。

要するに、周辺情報利用法と一五のポイントは、成長株投資にもバリュー株投資にも、ひいては大型株、小型株にも使える。例えば、ポイント四を見ると、バリュー会社にとって売り上げが伸びていないが、平均以上の販売体制を持っていることは、環境が良くなって売り上げが伸びていることと同じかそれ以上に重要である。これは同業の大手企業を追い抜きたい小企業にとっても不可欠なことだ。ちなみに、大企業にとっても平均以上の販売体制を持つことは難しいことだが、ベンチャーキャピタルの出資を望んでいるたくさんの小企業を退けるためには必要なことでもある。同じことは、ポイント五の十分な利益率についても言える。例えば、価格でしか差別化できない事業で、そのままでは成長が望めないとき、マーケットシェアと生産コストと長期的な利益率には強い関連性があることが多い。優れた経営者はマーケットシェアを伸ばし、生産技術を強化するなどして相対的な生産コストを下げることができる（技術開発そのものではなく技術の応用によって）。反対に、ダメな経営者は気まぐれに利益率を下げ、しまいにはなくしてしまう。このような指針に従って、私は一九七六年にニューコアという小規模だが低コストの鉄鋼会社を見つけた。この会社には、素晴らしい経営陣がいて、革新的な技術があり、低い生産コストを実現し、鉄鋼業界のニッチ分野のなかでは比較的大きなシェアを持ち、それを拡大し、さらなるニッチ分野を開拓していた。私はこの株をバリュー投資家として買った。そのあとすぐに父もこの株を成長株投資家として買った。このとき、使ったのは同じ一五のポイントだった。私はこの株を何年か保有したあと、売って大きな利益を得た。父はこれを何十年も保有し続け、この会社がアメリカ第二位の鉄鋼メーカーに成長してから売ったため、私よりもはるかに大きな利益を手にした。

本書が刊行されたとき、父は五一歳だったと思う。父には天才的な一面があり、すでに投資家として大成功を収めていたが、職人技が技術へと変化していくプロセスについては理解していなかった。父は本書に書いてあることを、年月をかけてゆっくりだが本能的に身につけていったが、新参者がそれを学ぶにはもっと時間がかかる。それに、父は自分の人生の出来事について言葉で説明しても、その認識は常に変わっていった。父だけが知る暗黙知を他人が理解することは難しい。今日、このまえがきを書いている私は当時の父とほぼ同じ五二歳になっている。本書の教えを発明したのではなく、学んで身につけた私には、父の教えを習得するのに時間がかかるということがよく分かる。

当時の父よりも率直で、さまざまな面において父よりも内省的な私は、本書を投資人生のなかで何回も読み返すことを勧めている。周辺情報利用法に話を戻そう。周辺情報利用法の章はわずか四ページしかないが、これは本書のなかでも最も重要な部分である。今になって思えば、本書には普通ならばあるべき技法の部分が抜けていることは明らかだ。実は、父にとってこの部分は当たり前のことだったのである。

私は長年にわたってこの手法をたくさんの株に応用し、素晴らしい洞察を得てきた。そこでカギとなったのは、顧客や競合他社や出入り業者に注目するということだった。技法については私の最初の著作である『ケン・フィッシャーのPSR株分析』（パンローリング）に書いた。ここには、実際のケースに応用した例も数件載せてある。これは良い本で、一九八四～一九八五年に最も売れた株投資の本となった。われながら誇りに思っている。しかし、本書に比べれば足元にも及ばない。本書は、時がたっても時代遅れにはならない部分が私の本よりもはるかに多いからだ。どちらの本も新しい概念を紹介しているが、父の考えのほうが、出版時にはより急進的だったが、より広く応用でき、より時代に関係なく使い続けることができる。だからこれほど素晴らしい本なのだ。私の本は大部分が技法であり、技術ではない。技法ならば、聞けば必ず答えが得られる。しかし、技術の場合は答えに対して、さらなる疑問（正しい疑問）がわいてくる。標準的な質問表に従って、答えが何であれ、上から順番に聞いていく人もいるが、それは技術ではない。技術は、質問して答えを聞いたときに、そのあと最も自然に出る質問は何かと考えるのである。それが実際にできるようになれば、あなたは作曲家のように、創作者の域に達した創造的で調査能力がある投資家と言ってよいだろう。父の最も得意としていたことだ。

私は一九七二～一九八二年にかけて、父とともに数えきれないほどたくさんの会社を訪問した。父の下で働いたのはわずか一年だが、そのあとも父とはずいぶん行動を共にした。会社を訪問するとき、父は必ず事前に質問を用意して、黄色い紙に書き込み用の間隔を空けてタイプしていた。必ず準備を整え、そのことを相手にも知らせることで、相手に好印象を与えることもできた。父はこれらの質問を調査の枠組みとして使っていた。質問は、話が途切れたときのつなぎとしても役に立った。用意した質問を使って話を望む方向に戻すことができたからだ。ただ、最高の質問は、いつも父の頭のなかにあった。事前に用意して、書き出したものではなく、相手の答えを聞いてその場で思いつくのだ。このような創造的な質問こそが技術なのである。それができるのが、父の聞き取り調査の素晴らしさだと私は思っている。

父の頭脳は金融に関しては、かなりの年になるまで機敏に動いていた。父の最高の質問のひとつは、私が直接聞いたのではなく、のちにジェームス・ウォーカー・マイケルスから聞いたものだが、ぜひ紹介したい。この質問は本書には載っていないが、どこに加えても素晴らしい追加情報になっただろう。

私が人生で誇れることのひとつは、フォーブス誌の偉大な編集者で、アメリカのビジネスジャーナリズム界の長老とも言える存在だったジェームス・ウォーカー・マイケルスが、一九九八年に引退するまで一五年間自ら私のコラムの編集をしてくれたことである。彼は私をフォーブス誌に招き、個人的な関心を示してくれ、私のほぼすべてのコラムを自ら編集してくれた。雑誌の編集では珍しいことだ。彼は父のことを非常に尊敬していた。マイケルスとは一回だけ週末をウエストコーストで一緒に過ごすことになり、そのとき彼の希望で父と何時間か話す機会を設けた。このとき、父は八九歳になろうとしていた。

二人は、カリフォルニア州のキング山の山頂にある私の会社の会議室で何時間か話をした。そのあとマイケルスと私はそこから二～三時間北上してロシア川に向かった。その途中、彼は何度も「あの質問」について私に聞いてくるのだが、父のことをだれよりもよく知る私にも、まったく何のことか分からなかった。マイケルスは一時間ほどあれこれ考えを巡らせていたが、ついにあきらめかけたとき、突然思い出した（よくあることだ）。それが「まだ同業他社がしていないことで、御社がしていることは何ですか」という質問である。なんと素晴らしい質問だろうか。ここで強調すべきは「まだ」という言葉だ。これはすごい。この質問をされると、ほとんどの人はそれをしていないし、考えてもいなかったため、恐れ入ってしまう。

一方、常にこの質問を自らに問うている会社は、けっして自己満足に陥ることがない。他社に追い付かれることもないし、より良い未来に向けてすべきことが尽きることもない。このような会社は、誠実さや経営者の知性と合わせて、一五のポイントを実践している会社と言える。「まだ同業他社がしていないことで、御社がしていることは何ですか」という質問は、製品の市場を牽引し、他社の先を行き、顧客や社員や株主の状況を向上させる非常に素晴らしい会社だということを教えてくれるのである。マイケルスの質問は、父が生涯追い求めた大志と、一五のポイントの骨子を一つにまとめてくれた。彼がどこでこの言葉を聞いたのかは今でもよく分からない。しかし、これは見事なまでに抜け目のない質問なのである。

マイケルスは、新しい展開をかぎつける嗅覚を持っていて、それがいつも素晴らしい記事を生み出していた。このときも週末を終えてニューヨークに戻ると、フォーブス誌にこの質問に関する記事を書いた。これはマイケルスと父の良いところがうまくかみ合った記事で、私はこれまで幾度となく感じてきたように、自分は父の幅広い才能にくっついて回る弾み車のようなものだと改めて思った。自分を卑下しているわけではない。私自身の人生もとてもうまくいっている。ただ、突然ひらめく天才型の父と比べれば、私は段階的に学ぶことしかできないし、演繹的に、地道に、愚直にやっていくしかないのである。

私の会社では、一五のポイントと周辺情報利用のテクニックをさまざまな会社に応用してきたが、最初にこれを試したのは株価が大きく下げていた小さな会社だった。小売会社やさまざまなタイプのIT会社、サービス会社、コンクリート会社、鉄鋼会社、そして特殊化学、消費財、ギャンブルなどといった分野の会社である。一五のポイントが毎回最終判断の決定打として私や会社のみんなを動かしたとは言わないが、たいてい何らかの付加価値を与えてくれた。私はいつも自分のやりたいようにできると思ってきた。私の会社では、長年、広範囲に考え、毎年何百もの株について判断を下してきたが、それを可能にしたのが「一二コール」と名付けた方法だった。遠隔地にいるスタッフがマニュアルに従って顧客や競合他社、出入り業者などに電話インタビューを行うのである。もちろん自分で一社ずつ話を聞くほうがはるかに多くの情報を得ることができるが、この方法を用いると大量の会社を調べることができる。今日では、この方法も資本市場の技術と置き換わっているが、その話は本書の範疇を外れている。

今日、私の会社ではいくつかのファンドで何十億ドルもの資金を運用し、五〇〇人以上の社員が世界中で株を買っている。しかし、あなたはおそらくそんなことはしていないだろう。つまり、あなたが私と同じことをする必要はないし、私もあなたとは違うやり方が必要だ。それでも、もしあなたが個人投資家ならば、一五のポイントすべてが役に立つ。戦略的には、私が今日使っているシステムをまだ持っていなかったころの使い方だ。また、あなたには私が今投資している範囲を網羅することはできないが、おそらくその必要はないだろうし、望んでもいないだろう。要するに、一五のポイントは、父が当初想定した使い方をしても、もっと広く浅く応用しても、国内株でも外国株でも、成長株でもバリュー株でも、さらに言えば公開株でも未公開株でも、大量の株でも、たった一銘柄を少ない資金で個人的に買って管理する場合でも、役に立つということなのである。

それだけではない

誤解のないように言っておくが、本書の価値は一五のポイントと周辺情報利用の手法だけではない。ただ、これらは本書の宝とも言える部分なのである。光る点はほかにもあるし、今でも十分通用する。例えば、一九九〇年の時点で、私は投資のプロとして一八年の経験を持ち、かなり成功していた。フォーブス誌のコラムニストとしても六年が経過していた。そこにサダム・フセインが現れた。戦争の脅威が高まり、投資家はみんな弱気になった。マーケットも下落した。私は金融史をかなり勉強し、本も二冊書いている。そして、歴史は私に「買い」を告げていた。しかし、私はまだ経験が足りなかった。そこである週末、自分の決意を揺るぎないものにするために、本書の第八章「投資家が避けるべき五つのポイント」と第九章「ほかにも避けるべき五つのポイント」を読み返した。そして、戦争は買いのチャンスだったと確信した。このことと、私のいくつかの経済予測を合わせて、私は一九九〇年末に素晴らしいタイミングで「買い」のコラムを書いた。みんなが弱気になっているときに買うというタイミングの良さが、長年にわたるフォーブス誌のコラムニストという素晴らしい地位を確立してくれたのだと思っている。最近で言えば、二〇〇〇～二〇〇二年のベア相場や第二次湾岸戦争についてあなたも同じことを感じるかもしれない。

この原稿を執筆している二〇〇二年は、見方にもよるが、私が仕事を始めたばかりの一九七四年や大恐慌の一九三七～一九三八年以来最悪のベア相場となった。そして、多くの人がそれまでの投資の信念を打ち砕かれた。彼らの多くは別の概念に基づく新しい考えを見つけたが、すぐにそれも浅はかで、つまらないうえに、永遠の真実には程遠いということが分かった。父ならば、この先のことを何と言うだろうか。もしかしたら、資本主義が勝り、アメリカと西側諸国は発展を続けるのだから、どこが底かを考えればよいだけだと言うかもしれない。ちなみに、父は自分では底の見極めがあまり得意ではないと思っていたようだが、長いキャリアのなかで何回か難しい予想を的中させた。父ならばおそらく、一五のポイントを満たす会社を所有している人は、彼が言うところの「流行や幻想」に流されなければ、この時期をうまく切り抜けられると言うだろう。また、株を持っていない人にとっては、一五のポイントを満たす株を買う完璧なタイミングだとも言うかもしれない。二〇〇〇～二〇〇二年のベア相場は、そのチャンスだったのだ。しかし、上昇に転じる前にさらなる下落はないだろうか。もちろん父はその可能性も認めていた。しかし、何年かあとのことを考えれば、関係ないと言うだろう。父はこのようなマーケットを避けるために慌てて売り払うことを考えるだろうか。それはみじんもないと思う。むしろ、それは最もしなさそうなことだ。父の長い長い投資生活のなかで、何回か持ち株を売ったことはあったが、それはマーケットがまだ底を打つ前のことで、そこからまだまだ下がると思われるときに限られていた。

それでは、父はサダム・フセインやオサマ・ビンラディンやテロリストたちを恐れていただろうか。ノーだ。戦争はどうか。本書を読めば分かるが、それもノーだ。それならば、アメリカを戦争に向かわせたブッシュ大統領を尊敬していただろうか。それもノーだ。父は政治家にはあまり関心がなく、大統領もそのひとりにすぎないと思っていたため、尊敬する大統領もほとんどいなかった。ひいきの政治家は何人かいたが、あまり高い地位についている人はいなかった。父はよく「（政治家は）出世するとウソつきになる」と言っていた。また、戦争を嫌い、正当性はほとんど見いだせないとも言っていた。それでは、最近メディアをにぎわせているそれ以外のたくさんの問題についてはどうだろうか（企業の誠実さ、W字型の不況の可能性、高PER［株価収益率］、ブラジルのデフォルトリスクなど）。それもさして気にはしないだろう。みんなが間違ったことに気を取られているこの時期、父ならば自分が所有している会社のファンダメンタルズを根本的に見直して、保有し続けるべきかどうかを考えるはずだ。そして、もし良い会社があれば、そのひとつかふたつを、所有しているなかで最も弱い会社と入れ替えるべきかどうかを考えるだろう。父はいつもボラティリティが高い下落相場は、保有する会社の質を上げる素晴らしいチャンスととらえていた。多くの人がマーケットについて思い悩む時期には、父は自分がどの銘柄を所有し、どの銘柄を手放すべきかに集中していたのである。

父は、投資生活の終盤にタイミングやセクターについて聞かれると、「私よりもマーケットをうまく乗り切ってきた息子はこんなことを言っています……それでも、息子の言うことを信じているわけではないですよ」などと答えていた。父は、だれかに判断を任せるようなことはけっしてしなかった。一五のポイントを満たす会社を所有しておけば大丈夫だと信じていたからだ。それは今でも変わらない。

私が投資を始めると、周りから何回も、①私は間違っている（その可能性は常にある）、②父が私のようなやり方をすることはけっしてないだろう――などと言われてきた。しかし、そんなことを言う人は私ほど父の頭のなかを分かっていないし、私ほど父の本を読み込んでいないことを私は知っている。そのため、父ならばこうするだろうとか、しないだろうといった評価はまったく気にならない。要するに、私は父を仕事の面において最もよく知る人間だし、ほとんどの人よりも父の書いたものを読み込んでいると自負しているのだ。ただ、父の本をよく理解していたつもりでも、投資経験を積むなかで何回も読み返せば得ることがあるし、たった一回読んだだけではむしろ害になることもあり得る。まず、この教えはあなたの頭のなかに少しずつ浸透していく。そして、繰り返し読むことで、より多くを得ることができる。異端の教えを説くつもりはないが、本書は投資の世界の聖書のようなもので、最後のページまで読めば終わりではなく、何回も読み返すことで価値が高まるのだと思う。

本書には、あなたにとって大事な教えがほかにもたくさん見つかると思うし、私を助けてくれたように、あなたを助けてくれるかもしれない。しかし、結論から言えば、本書は投資の基本を教えてくれるものなのである。そして、この基本の教えは一流投資家の中心的な教材としても使われてきた。スタンフォード大学経営大学院の投資のカリキュラムでは、本書が長年教材として使われてきた。スタンフォード大学で学んだ学生は、何らかの形でこの本を読み、その後アメリカのトップの投資家になった人も多い。ただ、本書の教えはそれだけにとどまらない。例えば、ウォーレン・バフェットは、ずっと以前から彼の投資哲学の元となったのは父と本書だと語っている。してはならないことについて書いてある第九章の最初に出てくる「分散しすぎない」は、バフェットの投資の基軸のひとつでもある。バフェットがこのことを初めて学んだときのように、あなたもこの教えを本書で目にすることになる。

本書と父の三冊目の著作である**『保守的な投資家ほどよく眠る』**（パンローリング）との間に、マーケットのファンダメンタルズが激しく変わったことはさして重要ではない。しかし、一九五八～一九七四年の間には、巨大ブル相場や巨大ベア相場、そして、たくさんの流行や幻想があった。『保守的な投資家ほどよく眠る』を執筆したとき、父は六七歳になっていた。これも良い本ではあったが、本書のほうがはるかに優れている。最初の本があまりにも素晴らしかったため、次の二冊はその付録のようになってしまったのだ。もし父の本を一冊しか読めないとしたら、ぜひ最初に書いた本書を読んでほしい。父の最高傑作だからだ。そして、あと一冊読むとしたら、最後に書いた『**投資哲学を作り上げる**』（パンローリング）を勧めたい。この本も、基本的な考えを述べたもので、出版当時は時事性が強すぎるという意見もあったが、その教えは今日でも有効だ。

『保守的な投資家ほどよく眠る』に関しては、第六章のモトローラについて書いた部分に円熟したフィリップ・フィッシャーを見ることができる。この章で、父は当時人気がなかったモトローラがなぜ優れた会社で、いかに長く保有するつもりで買おうとしているのかを述べている。この部分を読めば、モトローラが質が高い会社だと評価しないではいられなくなる。そして、その後の展開は周知のとおりだ。モトローラの株価は二五年で三〇倍になり（分割前）、安全な経営が行われていた。この間、この会社を信頼していた人にとっては、毎年のブローカーの費用も、投資信託の手数料も、さしたる手間もかからなかった。何十年にも及ぶ展望を示し、それが実際にうまくいく人などめったにいない。ほぼいないと言ってもよいだろう。そして、この二五年間、この銘柄を保有し続けた人がいるだろうか。それがフィリップ・A・フィッシャーだ。モトローラは、父が個人的に最も多く保有していた銘柄で、父はこの間ずっとS&P五〇〇を上回るリターンを上げていた。これこそがフィリップ・フィッシャーの真骨頂だ。自分がよく理解できる少数の素晴らしい会社を探し、それが驚くほど値上がりするまで極めて長期間保有し続けるのである。『保守的な投資家ほどよく眠る』には、あまりリスクをとらずに成長株を買って保有する方法が記してあり、私が知るなかで最高の専門書だと思う。このことについては、もちろん一冊目と三冊目にも書いてあるが、この二冊は実質的に年月を経て書かれた一冊の本と考えることもできる。ただ、一冊だけ読むのならば、やはり本書を読んでほしい。内容が最も充実していて、当時は最も急進的な内容だったが、より良く書かれているし、より時代を問わない内容で、より幅広い内容を、より知的に記している。もちろん、もし両方読めるならば、ぜひそうしてほしい。

最後に、父についてあまり知られていないエピソードを披露してこの二番目のまえがきを締めくくることにする。私は長年、さまざまな人に父との関係や、父と息子が同じ業界で働くことについて聞かれてきた。ただ、父も変わっているし、私も変わっており、彼らの多くも変わっていたため、私も変わった答えをすることがあった。例えば、父と私に関するお気に入りのエピソードは何かという質問を受けることがよくあるが、私はいつも「この次のエピソードです」と答えることにしている。もうその答えは使えないが、長いことそうしてきた。すると、彼らは何か聞き出そうとして、「小さいときの思い出などないのですか」などと聞いてくる。それはもちろんある。父は寝る前の話が最高にうまかった。ちなみに、その内容は株式市場とはまったく関係がなかった。話のほとんどは父の創作で、小さかった私は父の話のどこもかしこも好きだった。増え続けるバフェットファンがこんな答えを期待していないことは分かっている。彼らは投資する株を探すヒントになる話が聞きたいのだ。しかし、その種のことに関する思い出はあまりない。単なる仕事だったからだ。しかし、聞き手はイライラして「それならば、お父さんの教えを一言で言い表してくれませんか」などと畳みかけてくる。その答えは決まっている。「父の書いたものを読んで、それを実践してください」。このまえがきに書きたかったのもそういうことだ。ぜひ本書を楽しんでほしい。

二〇〇三年七月　カリフォルニア州キング山にて

父について

ケネス・L・フィッシャー

本書は、ベストセラーになった投資本のなかでも、最も愛されてきた一冊で、執筆されてから四五年が経過した。父は本書の初版のまえがきを一九五七年九月に、私が子供のころ住んでいた家で執筆した。この家は今もそこにある。あれから四五年たった二〇〇二年一〇月に、私は今住んでいる家で本書の新しいまえがきを書いている。

私が本書のまえがきを書いたことで、父がすでに亡くなったと思われたかもしれないが、それは違う。この原稿の執筆時点で、父は九五歳だ。ただ、老年性認知症でおそらくアルツハイマー病（確認する術がない）のため、かつての父とはかなり違う姿になっている。父は今、本書やそのほかの本を執筆したデスクから約一〇メートル離れた自宅のベッドで、ほとんどの時間を過ごしている。

父の症状は少しずつ悪化している。ただ、父の世話をしている私たちには、それがとても速く感じられる。あなたがこの原稿を読むころには、父はもう亡くなっているかもしれない。父がこの原稿を読むことはないし、読み聞かせたとしても、この恐ろしい病気のせいで一～二行しか記憶が続かない父は、内容を把握できなくなっているからだ。父は偉大な人だったが、今は老いて人生の終盤を迎えている。それでも私にとっては大事な父だ。病気が引き起こす症状は、恥じることではない。これは病気のせいで、人間的な欠陥ではない。私が三冊目の本で、アメリカの金融界を切り開いてきた一〇〇人の故人の功績について書いたとき、故人に限定したのは、もし間違ったことを書いても訴えられる心配がないからだった。ただ、ここには父を含めたくないという意図もあった。父の望まないような解釈をして（その可能性はあった）父を傷つけるようなことはしたくなかったからだ。

しかし、もう父は私が何を書いても分からないため、その心配はない。そこで、史上最も愛されてきた投資本のひとつを書いた人物について、少し紹介しておきたい。それをするのは、仕事とプライベートを合わせれば、父についてだれよりも詳しい私が最適だと思う。もちろん母は父の妻としてだれよりも父のことを知っている部分があるし、父の妹である伯母はだれよりも長く父を知っている。しかし、二人が知るのはプライベートにおける父であり、仕事中の姿ではない。私の一番上の兄のアーサーは、一時期父と緊密に働き、そのあとは私の仕事のパートナーだった時期もあるし、今でも非常に近い関係にある。ただ、兄が父の下で働いていたのは非常に短期間だった。そのあと兄は学問の道に進み、今に至る。父は三人の息子のなかでもアーサーを最も愛していたし、父との気持ち的なつながりも私より強い。しかし、その兄でさえ、私のほうがはるかに長い期間、父と仕事をしたり、日々かかわったりしてきたことを認めてくれるだろう。兄は今、一六〇〇キロ以上離れて住んでいるからだ（**編集部注**　フィリップ・フィッシャーは二〇〇四年に亡くなった)。

はじまり

私の父方の祖先はユダヤ人で、主にチェコスロバキアのプラハとドイツから一八五〇年代初めにサンフランシスコに移住した。父の父方の祖父であるフィリップ・アイザック・フィッシャーは、リーバイ・ストラウス設立当初からの会計士で、またリーバイスの一号店を毎日開店から閉店まで取り仕切り、この会社に一生をささげた。この曽祖父は裕福ではなかったが、彼が亡くなってもお金に困ることはなかった。曾祖母は若いころに亡くなっており、長女のキャロライン(通称ケーリー)が兄弟たちにとって重要な役割を果たした。私の祖父のアーサー・ローレンス・フィッシャーは八人兄弟の末っ子で、母親替わりでもあったケーリーを慕っていた。祖父は一八七五年にサンフランシスコで生まれ、カリフォルニア大学バークレー校を卒業後、ジョンス・ホプキンズ医科大学院に進んだ。そして、一九〇〇年に卒業するとサンフランシスコに戻り、総合診療医として開業した。そのあと、第一次世界大戦のせいか、ロックフェラー大学でポスドク研究中に決めたのかは定かではないが、整形外科に進み、ミシシッピ州以西で三人目の外科医になった。ウエスタン・オーソピーディックス・ソサエティーの共同設立者にも名を連ねている。祖父はユジーナ・サミュエルスとの結婚を控えていたが、一九〇六年に曽祖父のアイザック・フィッシャーが亡くなったため、結婚は少し延期された。さらに同年起きたサンフランシスコ地震と大火事で、結婚は再び延期された。そのあとやっと二人は結婚し、翌年の一九〇七年九月八日に父が生まれた。父は最初、亡くなったばかりの曽祖父の名前を受け継ぎ、フィリップ・アイザック・フィッシャーと名付けられた。

四年後の一九一一年、父の唯一の兄弟である妹が生まれた。彼女は大伯母ケーリーの名前を受け継いでキャロラインと名付けられた。大伯母のケーリーはリーバイ・ストラウスの親戚で裕福なヘンリー・シュラインと結婚していた。この大伯母がフィッシャー家にとって二世代にわたり（私の祖父と父）重要な役割を果たした。大伯母は内緒で父の教育費を支払ってきただけでなく（父はそのことをまったく知らなかった）、思いがけず車が必要になった父のためその費用も祖父を通じて出していた。また、子供のころ感情的に不安定だった父が社会性を身につける助けになった家族の行事を何十年にもわたって続けてくれたのも大叔母だった。もし両親に娘がいたら、きっとケーリーと名付けただろうがそれはかなわず、最初の孫にケーリーと名付けた。

多くの医者がそうであるように、祖父もお金にはほとんど関心がなかった。慈善事業や医学の研究には熱心に取り組んでも、ビジネスやお金のことには無頓着だったのだ。祖父は診療所に診察料を払えない患者が来ても、普通に診療した。請求書を送っても支払わない患者に、再請求をしたり、取り立てたりするようなこともしなかった。多くの人が、祖父の優しさや温かさや寛容さを、聖人のように思っていた。しかし、祖父にそれができたのは、大伯母のケーリーが祖父には「内緒で」生活費を支援していたからだった。大伯母がいなければ、本書が書かれることもなかったのかもしれない。

父の幼少期には家庭教師がついていた。祖父は当時の小学校を信用していなかったし、ケーリー大伯母の支援もあった。その後はサンフランシスコの名門ローウェル高校に入学し、一六歳で卒業した。頭が良く、同級生より年下でも家庭教師によって高い学力を身につけていた父は、不器用なうえに、みんなが小学校で学ぶ社交術も身についていなかった。父は華奢で傷つきやすく、運動も苦手で、みんなよりも若く、体も小さかった。そのため、いつも社会的な不安を抱え、さらに批判的でマイナス思考の母親の態度がそれを助長した。父は一六歳でカリフォルニア大学バークレー校に入学した。しかし、のちにケーリー大伯母の資金援助を受け、車も買ってもらい、規模が小さく友好的な雰囲気のスタンフォード大学に転校した。この転校は父の運命を変えた。

父は毎週末、律儀にサンフランシスコに戻ると、まずはケーリー大伯母とヘンリー大伯父の家で毎週金曜日に行われる夕食会に参加するのが習わしだった。遠縁も参加するこの夕食会は、父が生まれる前から行われており、五〇年近く続いた（私が小さかったころはまだ行われていた）。そして、父の社会的な能力はほとんどがここで培われた。この夕食会には私の祖父母も必ず参加していた。父はバークレーやスタンフォードから直接夕食会に参加した。ケーリー大伯母が住んでいたのは、バンネス街から少し外れたジャクソン通りで、ヘンリー大伯父が一八九〇年代に立てた家は、もしまだ残っていれば館のような建物だった。夕食会には多くのごちそうが並び、たくさんの打ち明け話や食後の議論は熱が入りすぎることもあったが、祖父はそれを楽しそうに見ていた。当時、父の世代は女性ばかりだったため、唯一の男性だった父はヘンリー大伯父に特にかわいがられており、そのことも父にはこの会を思い出深いものにしていた。若いころの父が唯一、特別扱いされる機会だったのだ。夕食が終わると、父は両親とともに自宅に帰り、月曜の朝に大学に戻っていった。

父にとって、スタンフォード大学は素晴らしいところだった。友好的で、美しく、くつろげ、誉れ高く、バークレーよりも居心地が良い場所だった。二〇歳で卒業するときもまだ臆病だった父は、安心して過ごせるこの場所に残ることを決め、スタンフォード経営大学院に第一期生として入学した。このときも、ケーリー大伯母が陰で支援していた。ケーリー大伯母が父を金銭的に援助していたことを家族の何人かは知っていたが、父はまったく知らなかった。祖父と大叔母は、金持ちと結婚した大伯母からよりも自分の父親のお金で勉強していると思うほうが父にとって良いだろうと考えていたのだ。

当時のスタンフォードには、今のような投資関連の授業はなかった。しかし、父がどこかで記しているように、地元の会社を訪れて分析する授業があった。車を持っていた父は、ボリス・エメット教授の運転手役を買って出て、教授と長い時間を過ごした。これが、父に計り知れない影響を与えた。父は、スタンフォードで学んだすべてのことより多くのことを、車中でエメット教授から学んだと感じていた。このことについては、父が一九八〇年にファイナンシャルアナリスト協会連合会（ＦＡＦ）で発表した「投資哲学の発達」という論文に詳しく書いているので、そちらを読んでほしい。また、父が仕事を始めたころのことは、父がもともと本書のために書いたまえがきに書いてあるので、私がそれ以上書く必要はないだろう。

壮年期以降

第二次世界大戦が激しくなると、父は仕事を中断して軍に入隊した。しかし、父は兵士になるには年を取りすぎていたうえ、教養もありすぎた。幸い、父の長年のメンターで、先に入隊していたエド・ヘラーのおかげで父は即席の将校に任命され、前線に送られることはなかった。その代わりに、父はアメリカ中部各地の陸軍航空隊のデスクで会計と財務の担当者として戦争を戦った。将校として初登営した日の父はぎこちなかった。制服を着て出勤し、下士官から敬礼されると、どう反応したらよいか分からなかったのだ。また、上官からは尊敬と適切な行動を期待されたが、それも分からなかった。適応するまでには時間がかかったようだ。父は軍隊が嫌いで、待遇がかなり良かったことは認めつつも、ひどい時期だったと思っていた。厳格な組織も、自由がないことも、命令されるのも嫌いだったのだ。しかし、アーカンソー州リトルロックに登営していたとき、そこで働いていた母ドロシー・ワイトと出会った。母はアーカンソー州カムデン出身で、ここはのちにクリントン元大統領が育った場所の近くでもある。父は一目で母のとりこになり、付き合ってほんの何週間かで求婚すると、母も即座に承諾した。そして一九四四年に長男のアーサーが生まれた。母は出産前、祖父の診療を受けるため、父を残してサンフランシスコに行った。結局、母はそのままサンフランシスコにとどまり、父が除隊して帰宅し、仕事を再開するのを待った、と父は書いている。そのあと、一九四七年に次男のドナルド、一九五〇年に私が生まれた。ドナルドと私の間には女児ができたが、死産だった。

私が生まれてすぐ、両親はサンフランシスコから南に車で二〇分ほどのカリフォルニア州サンマテオに家を買い、今もそこに住んでいる。ところが、住んでみると場所は良いが家自体が気に入らなかった。眺めも木も地形も気に入っていた父は、家を建て直すことにした。私はその新しい家で育った。建て直しの間は、隣の区画の家を借りていた。新しい家は大きくて、真っ白で、清潔で、質素だった。この家は、すべてがきちんと整頓されていた。少ない所有物は決められた場所に置かれ、そうなっていないと父はイラついた。庭も父のお気に入りだった。父は晩年まで週末は一日中庭の隅のオークの大木や野草のある場所で過ごしていた。この野性的にも思える庭で、父は雑草を抜いたり手入れをしたりしながら、株式市場や政治や家のことなどに思いを巡らせていた。父にとって、この時間はすべての心配事を少しの間忘れさせてくれる安らかな時間だったのである。父は認知症を発症して倒れることが多くなるまで、庭いじりを続けていた。

父の全盛期は、一九五〇年代後半から一九六〇年代にかけてだと私は思っている。一九五八年に本書が出版されると、父は瞬く間に国民的スターになった。そして、地元ではサンフランシスコの投資業界の有力者と目されるようになった。それまで投資本でこれほどの名声を瞬時に得た人はいないと思う。ちなみに、同じ時代に書かれたベンジャミン・グレアムの**『証券分析』**（パンローリング）は知れわたるまでにかなりの時間を要した。一九六〇年に影響力を誇った人物のひとりに、この地にのちの大手証券会社を設立し、率いてきたディーン・ウイッターがいた。ただ、彼はニューヨークこそがこの業界のメッカだと思っていた。そして、大衆もブローカーと資産運用者は違うことを理解し始めていた。ユダヤ系ブローカーのジェラルド・ローブもサンフランシスコ出身で、国内の知名度はウイッターよりも上かもしれないが、ローブもニューヨークに移って久しく、地元とのつながりはほとんどなかった。要するに、一九六〇年のサンフランシスコには、父のほかに著名な投資顧問がいなかったのである。今日と違って、カリフォルニア州北部の投資活動は、サンフランシスコのモンゴメリー街とブッシュ街付近の数ブロックに集約されていた。そのような環境で、父は何事にも弱気だった子供時代からは想像もできないほどの名声を得たのである。

当時も今も、カリフォルニア州法には、顧客数が一五未満で投資顧問の看板を公開していなければ、SEC（証券取引委員会）への登録と一九四〇年に制定された報酬制限を回避できる条項がある。ほとんどの投資家にとっては望ましくない条項だ。それ以前は、詐欺師が顧客の半分ずつに正反対のことを助言し、それぞれから一〇％の手数料と、儲かったほうからはさらに利益の二〇％をせしめるようなことが横行していた。そのため、先の条件に該当しないすべての投資顧問は、利益の一定割合を報酬とする契約を結ぶことが四〇年以上にわたって違法とされていた。父は本書の成功によって、顧客を地元の非常に裕福な数家族に絞ることができたため、高額の報酬を得る一方で、事務処理などのための大きな会社組織は不要だった。父は、たくさんの顧客を抱えざるを得ない同業者に対して優越感を感じていたし、人付き合いが苦手で臆病だったため、人前に出ずに済んだことは非常に好都合だった。父は、その名声や悪評とは関係なく、人前で注目を浴びるのが苦手で、それをいつも避けていた。

一九四五年に話を戻そう。スタンフォード経営大学院では、ハーバート・ドゥーガル教授を迎えて初めての投資専門コースが始まった。このコースを教えたのは今まで三人しかいない。ドゥーガルが教鞭を執ったのは一九四六～一九六八年の二〇年間だが、一九六一年と一九六二年は彼がサバティカル休暇に入ったため、父が非常勤で代理を務めた。父の教え子のなかには、一九六八年以降このコースを教えているジャック・マクドナルドも含まれていた。父がドゥーガルの休暇中の代理を任されたのは、本書の評判と卒業生であったことが大きな理由だった。父は、これを非常に楽しみにしており、スタンフォードへの母校愛もよみがえった。もしドゥーガルが戻らなければ、父はずっと代理を務めていたに違いない。しかし、彼は戻り、一九六八年からはマクドナルドが引き継いだ。ちなみに、マクドナルドがマーケットに興味を持ったのは、父のおかげだと語っている。彼は元々ヒューレット・パッカードでエンジニアとして働いていたが、父と出会って方向転換した。彼はそれ以来、父の最大の功績のひとつは、本書にも書いてあるように、継続的な成長モデルと競争力の概念を初めて関連付けたことだと言っている。今日、これは当たり前のことだが、当時はそうではなかった。彼は、父を株式市場の革新者や運用者というよりも、独創的な戦略家として見ていたところがある。

　ここで、スタンフォードの栄光に寄与し、同校のＭＢＡ（経営学修士）を高く評価し、その投資コースで学んだ恩恵を感じているたくさんの学生や卒業生に言っておきたい。同校の投資コースを長年にわたり教えてきたのは、あなたが手にしている教科書の著者（二年間）かその学生で、それ以前に教えていたのは一人しかいないのだ。あまり知られていないが、これこそ本書の価値のあかしと言ってよいだろう。私が一時的に本書の著作権を所有するようになって、ジャック・マクドナルドとくだらない論争をするまで（責任は私にある）、彼はこのコースで本書を教科書や副教材として使っていた。そして、その間のほとんどの年に、父はマクドナルドの依頼に応じてスタンフォードに出向き、学生に講義をしたり、質問を受けたりしていた。それが何年か途絶え、父の病状も進んでいた二〇〇〇年五月、マクドナルドが再び父に講演を依頼した。私は、以前とはすっかり変わってしまった父が恥をかくのを恐れた。しかし、父はその日、久々に元気に出かけていき、素晴らしい講演をしただけでなく、すべての質問に答えてみせた。このときの様子は、マクドナルドの温かい紹介を含めて「アウトスタンディング・インベスター・ダイジェスト」のボリュームXV、ナンバー七にそのまま掲載してある。

認知症が進行するにつれて、父は少しずつ過去の仕事上の知り合いについての記憶を失っていった。若いころから知っている人の記憶は長く残り、最近の知り合いから忘れていった。例えば、一九五〇年代に知り合った人の多くは覚えているが、一九七〇年代ごろからの知り合いはほぼ忘れていた。認知症でよくあることだ。しかし、感情的な記憶は心の奥深くにしまわれているようで、父の七二年間の仕事人生の三三年目に当たる一九六一年に知り合ったジャック・マクドナルドのことは、仕事上の知り合いのなかで最後まで覚えていた。父がどれほど彼のことを大事に思っていたかが分かる。

一九六〇年代末になると、父は世間の評判を一切気にしなくなり、静かな生活を望むようになった。父は経営者を見る目があると自認していたし、それはかなり当たっていたが、それは私的な活動だと理解していた。地元の要請に応じて出向くこともあったが、ほとんどは断っていたし、遠方で講演することはなくなった。一九七〇年、六三歳になった父は、まだ白髪も生えていなかった。その年、優秀な教会史家である上の兄のアーサーが父の仕事を手伝い始めた。そして、二年後に私も加わった。父は当初、二～三年一緒に働いたあと、少しずつ私たちに会社を引き継いでいこうと考えていた。しかし、そうはならなかった。私は、約一年でそれが無理だと悟った。父は細部にわたって徹底的にこだわり、仕事に専念し、社会的に変わっていて、心配性だったため、どのような形にせよ、人に仕事を任せるということができなかったのだ。そのため、アーサーも私も、重要な手伝いをすることはなかった。もともと活動的で、反抗的で、周りと感情的に対立することもある私は、父がけっして委譲できないことが分かると、お互いのために距離を置くべきだと思った。そうしなければ、私にチャンスはないし、父か私のどちらか、もしくは両方がお互いを傷つけることになるのは明らかだった。アーサーは父と離れるのにさらに四年かかり、そのあと私と一緒に働き始めた。しかし、兄が弟の下で働くのは難しかったし、その必要もなかった。結局、アーサーはこの業界を離れ、残った私も父とは別の会社で、距離を置いて交流していた。このころは、さまざまな意味で本書出版以来、父が初めて大きく落ち込んだ時期だった。一九七三～一九七四年の厳しいベア相場もあったし、父の健康も悪化し始めた。一九七七年、七〇歳になった父は、年齢の割にはかなり元気だったが、本人はけっして認めなくても以前ほどの元気はなくなり、初めて老化の兆しが見えるようになった。髪も薄くなり、白髪も出てきた。会社帰りの列車で寝てしまうことも増えた。時には午後に机で寝てしまうこともあった。そろそろ潮時だったが、父は仕事を辞めることができなかった。

このころの父は、保有資産の質を高めることを決め、もともと少なかった保有銘柄数のなかから最弱の銘柄を選んで売却し、より質の高い銘柄に絞り込んでいった。あとから考えれば、無意識のうちに父は自分の活力が低下しても目が届くように投資範囲を狭めていたのかもしれない。投資を始めたころの父は、いくつかの大型株と、いくつかの中型株、それから何十年も保有した小型株、大いに期待を込めて買った小型株、そして少額のあまり期待せずに買ったベンチャーキャピタル的な会社の第三者割当株など、合わせて三〇銘柄ほど保有していたこともあった。一九七〇年代半ばになると、父はお気に入り以外の株を少しずつ売却していった。一九九〇年には保有株は六銘柄になり、二〇〇〇年には三銘柄まで減った。そして、そのどれもうまくいっていなかった。私はすべての投資家に、自分で老いを感じるときが来たら、投資判断は下さないよう勧めたい。老いる前にやめてほしい。私はこれまで優れた投資家が老いるのを目にしてきたが、老いても優れている投資家を知らない。かつて優れていた高齢者はいるが、投資の過程は高齢と将来の能力を考えれば重要すぎるし、老いはそれまでの偉大さを凌駕して、いずれひどい破綻を招くことになる。医学の世界ならば「虚弱高齢者」は新たに確認された病気で、これから発展する分野だが、現時点では、高齢がすべての偉大な投資家を足止めしている。端的に言って、八〇歳代の偉大な投資家は存在しないのだ。父は晩年もしっかり考え、話すことができたが、素晴らしい判断を下す明瞭さはなくなり、売却のタイミングはいつも良くなかった。また、父は晩年になっても、三〇年間保有できる銘柄を探していると言っていたが、八五歳の人が言うとバカげたことのように聞こえた。それを魅力的ととらえる人もいたが、それもバカげている。父が損失を出しても、仕事が好きでやめられないことに気づいていた人はたくさんいたと思う。しかし、父は私を含めたみんなに大事にされていた。私は父が幸せならば、それでよいと思っていた。しかしなかには、もうプレーできないのにバットとグローブを持って野球場の周りをうろつく老人のように思っていた人もいたと思う。父が人生の終盤に買った株はどれもうまくいかなかった。八〇歳か七〇歳でやめていれば、経済的にははるかに良い状態だったと思う。売却してインデックスファンドを買っても、それまでの保有株を死ぬまで持ち続けてもよかった。しかし、父が判断を下すたびに、資産価値は下がっていった。

父が長年、投資家に勧めてきたのは、素晴らしい会社を買ってほぼ永久に保有することだった。そして、父自身も素晴らしい会社を保有していた。もし晩年もその手法を守って一級の保有株を調整しようとせずに死ぬまで保有し続ければ、はるかに良い結果になっていただろう。

私は父が保有していた銘柄をすべて記憶しているわけではないが、主なものは覚えている。一九七三年にマーケットが天井を付けたときには、当時大型株だったダウ・ケミカル、FMCコーポレーション、モトローラ、テキサス・インスツルメンツ（TI）などを相当株数保有していた。また、中型株としては、レイチェムや、レイノルズ・アンド・レイノルズなどを多数保有していた。この六銘柄で、父の自己資本の三分の二を占めていたのだ。最大のポジションはモトローラとテキサス・インスツルメンツとレイチェムで、もし二〇〇〇～二〇〇二年のベア相場にも耐えて今でも保有していれば、かなりの利益が上がっていたはずだ。しかし、父はモトローラ以外をすべて売却してしまい、しかもそれぞれがひどいタイミングだった。若いころの父だったらけっしてしなかっただろう。小型株は、一九六八～一九七三年にかけて買ったたくさんの銘柄を保有しており、そのうちのいくつかは一九七三年以降値上がりした。なかでも抜群のリターンを上げたのがベンチャーキャピタルとして買ったマニュファクチャリング・データ・システムズで、のちに上場して一九八〇年代に買収され、父は約一〇〇倍もの利益を上げた。また、父が最初に買ったロジャース・コーポレーションは、今でも保有している。モトローラもまだ持っている。父は晩年、長期間落ち込んでいる株を売却することが増え、その直後に株価が大きく反発することもよくあった。なかでも、一九八〇年代に売ったFMCとテキサス・インスツルメンツ、一九九〇年代に売ったレイチェムはもったいなかった。

一九七〇年代になると、父の考えは、私には理解できないものになっていた。父の父は一九五九年に亡くなったが、晩年まで医師として診療を行っていた。祖父は最後の二～三年間、今ならばおそらくアルツハイマー病か何かの認知症と診断される症状が出ていた。そして急激に衰え、混乱を来し、亡くなった。しかし、父の考えは違った。父は、自分の父親の脳が衰えたのは仕事を辞めたせいだと思ったのだ。そして、もし自分も仕事を辞めたら、混乱して死ぬと思ったようだ。そのため、父は自分を駆り立てて働き続けた。それ以降、父にとって仕事は生きることそのものになった。父は自分ができることを少しずつあきらめていったが、それでも自分を鼓舞してできるかぎりのことをしようとしたのは素晴らしかった。父は命を筋肉のようなものだと思っていた。努力すれば、自分のために働き続けてくれるが、楽をさせれば弱くなる（そして衰え、死に至る）というのだ。のちに、認知症で仕事を完全に引退せざるを得なくなっても、父はそのことに腹を立てて、引退したせいで死が近づいたと思っていた。しかし、実際には仕事をしてもしなくても、認知症によって父は衰えていたのである。父は、認知症の診断を受けたあとも、毎月神経科医の診断を受けながら、仕事を続けていた。一九九九年には、認知症が悪化しても仕事を辞めなかった父のために、私は昔の自分の部屋に父の事務所の部屋のものをすべて移し、仕事場を作った。父はそのころまだ残っていた数少ない顧客に自分の状況を話し、彼らはそのまま取引を続けた。しかし、衰える記憶と戦いながらの仕事はそれから約一八カ月しかもたなかった。二〇〇〇年、父は完全に仕事をあきらめた。翌年になると、父は私に何回も新しい本の執筆のことや、どうしたら仕事に復帰できるか、各地の大学を回ってスタンフォード大学でしていたような講演をできないか、などと聞いてきた。実際、新しい本を書き始めたこともあり、「私が過去二五年間に学んできたこと」といった内容を思い描いていたようだ。しかし実際には、七ページ分を口述筆記しただけだった。父の元気は毎月確実に失われていき、脳の機能も少しずつ衰えていった。この病気でよくあるように、朝に話したことを、午後にはすっかり忘れてしまっている。七二年間に及ぶ仕事人生が終えたとき、父は最初大きく落ち込んだ。父にとっては、自己像と仕事ができることが強く結びついていたからだ。亡くなった義母がよく言っていたように、「高齢は弱虫には向いていない」のだろう。

父の人物像

父は稀有な人物で、厳格で真剣だが、語呂合わせを用いた変わったユーモアも持っていた。駄洒落が好きで、ほかの人の駄洒落に対しては、「あんなのは駄洒落の三分の二程度だから洒落だな」などと評していた。私が子供のころ、友だちはみんな父を恐れていた。ときおり射すくめるような冷たい視線を無意識に見せていたからだ。だれでも、父のことをよく知らなければ、黒髪で色黒で大柄ではないが（むしろ痩せていた）、強面で黒っぽい服を着ていることが多かった父のことを怖いと思っただろう。もしあと二〇歳若い父が七五年前にいれば、西部劇に出てくる黒髪で黒い服を着た痩せ型の典型的な殺し屋に間違えられたかもしれない。「一歩でも動いたら撃つぞ」と言っているのが見えるようだ。しかし、父が「撃つ」ことはなかった。意地悪でもなかった。意地悪そうに見えただけだ。そのため、何も言わなくても、友だちはみんな父がそばに来ると足音を忍ばせて逃げていった。繰り返しになるが、父は意地悪ではなかったが、温かさや優しさを感じさせることもなかった。そして、生まれたときからかわいがっていた私の一番上の兄以外の人を褒めたことが一度もなかった。実は、父はもしかしたらそれまで出会っただれよりも私を高く評価してくれていたのかもしれない。ただ、父はそのことを変わった方法で示す以外、そんなそぶりは見せなかった。私が一六歳のときに一回だけ褒められたときのことははっきりと覚えているが、それ以外は私が四〇代半ばになるまで、直接褒められたことがなかった。若いころはそれがとても嫌だったが、だんだん受け入れられるようになった。父はそういう人だったのだ。褒めることができるような性格ではなかった。他人に、私のことをどれほど誇りに思っているかをよく自慢していたと間接的に聞くことはあっても、それを私に直接言うことはなかったのだ。あとになって、父は当時はどう言えばよいのか分からなかったが後悔していると話してくれたことがある。このような接し方が苦手な人だったのだ。

父の人物像を紹介するために、父の仕事について少し書いていこうと思う。パソコンでスクリーニングができるようになる何十年も前に、父は新しい株を探すための方法論を持っていた。それは、面識のない若い投資家が訪ねてくることを歓迎すると公言することだった。ほとんどの人とは一回きりの出会いだったが、特別優秀だと思った人には繰り返し会って、アイデアを交換していた。お互いの関心事を聞いておくことで、関係のありそうな情報があるときにはアイデアを交換できるようにしていたのだ。彼らは何十年にもわたって父にたくさんのアイデアを伝えてきた。ただ、父は一五のポイントに照らして自分が何を望んでいるかが明確に分かっていたし、それ以外のことには目もくれずに集中していた。アイデアを採用したのは実質的に一人に付き一回だけだった。同じ人のほかのアイデアは、父にとってはあまり正しいとは思えなかったからだ。

しかし、二人に限って例外的に二つのアイデアを採用した。ただ、そのうちの一人のアイデアは、二回とも損失に終わった。そして唯一、私からアイデアを三回採用した。父は私のアイデアに基づき三銘柄を顧客と自分と母のために買い、それぞれで一〇〇〇％以上のリターンを上げた。父が一人のアイデアに基づいて買ったのは三回が最高で、しかも三回ともうまくいった。私がこれらのアイデアを勧めたのは一九七〇年代後半で、父の仕事人生の終盤であり、前述のとおり父の成功にも陰りが見え始めたころだったため、三回ともうまくいったことは余計に貴重だった。

しかし、父がどういう人物だったかという話はここからだ。三回のうち二回について、父は私に何も言わなかった。三回目の銘柄については、一五年以上たって私が四〇代になったころ、あれは良い選択だったという趣旨の短い手紙を送ってきた。父はその時点でまだその銘柄を保有しており、その後も何年も売らなかった。そこで、残りの二銘柄についても聞いてみると、私の勧めだったことを認めはしたが、それ以上は何も言わなかった。褒めもしなければ、礼を言うでもない。ほかの人たちほど父を恐れていなかった私は、ときどき父に文句を言うことがあり、そのときも三回も採用してうまくいった人はほかにはいないのではないかと父を問い質した。すると父は、それは私だけだと認めたうえで、大したことではないと言い放った。大事なのは、どのアイデアを採用し、どれを拒否するかが分かっているということで、私が勧めたダメなアイデアはどれも採用しなかったというのである。これにはムッとした。そこで、父にこれまでほかの人のアイデアからダメな銘柄をたくさん買ってきたではないかと反論すると、怒った父はそれから一カ月ほど私と口をきかなかった。しかし、そのあとは怒っていたことも忘れてしまい、この話題が出ることは二度となかった。これこそが父の人となりを表している。冷静で、冷淡で、頑固で、強く、規律を曲げず、社交性がなく、あきらめず、外面的には自信にあふれているが、内面は臆病なことも垣間見える。やはり、驚くべき人物だ。父が私に敬意を持ってくれていることは分かっているが、父にとってそのことを直接伝えるのは最も難しいことなのである。

次に、父の日常を紹介しよう。一九五八年に本書が出版されたころ、父は夕方仕事から戻ると着替え、食堂で家族と夕食をとり、そのあとは居間で読書をしたり（図書館殺人のミステリーが好きだった）、仕事の書類を読んだりして寝るまでの時間を過ごしていた。私が子供のころは、私たちが寝る時間には読書を中断して、寝る前に話をたっぷりしてくれた。兄弟のなかでも父の話が一番好きだった私には、最も時間を割いてくれた。話は、時には歴史上の英雄伝や出来事といったノンフィクションで、ジャンヌ・ダルク、アメリカ革命、ポール・リビアの真夜中の騎行、ナポレオンの生涯などだった。また、父が創作した物語もあり、いずれ子供向けの本を作りたかったようだが、これは実現しなかった。いずれにしても、どれも素晴らしい話だった。兄弟はそれぞれ部屋を持っていたが、父はだれかのベッドの端に腰をかけて話をした。ほかの部屋の子供は床に寝転がって話を聞き、そのまま寝てしまうと父がベッドまで運んでくれた。両親は一〇時ごろ就寝していた。朝は七時半に父が青いボロボロのオールズモビルで子供たちを学校に送り、サンマテオ駅から一キロ弱のところに車を置くと、駅まで歩いて列車でサンフランシスコに通勤していた。いつのころからか、早朝前かがみになって速足で歩く父のことをサンマテオの商店の人たちは「フラッシュ」と呼ぶようになった。「パワーウオーキング」が考案されるはるか前のことだ。父は、雨は強くなければ意味がないし、歩くのは速くなければ労力の無駄だと考えていた。そういえば、父は鉄道が好きで、子供のころからよく乗っていたようだ。八時発の列車は、サンフランシスコのサードストリートとタウンズエンドストリートにある駅に八時半に到着した（現在の駅はそこから一ブロック離れたところにある）。父は、列車では毎日仕事の資料を読んでいた。もしだれかが話しかけてきても、父は忙しいからと断って（もちろんそのとおりなのだが）資料を読み続けた。不愛想で独りが好きな人だった。列車を降りると、一・六キロ歩いてブッシュストリートとサンサムストリートのミルズタワーにある父の会社に向かった。もしだれかが父と一緒に歩きたいと思っても、ものすごい速さでついていけなかった。不愛想で独りが好きなのだ。やはり孤独なガンマンに通じるところがあるのかもしれない。ミルズタワーに入るとエレベーターで一八階の事務所に出勤した。独りきりの事務所だ。実は、長年の間には社員が二人いたこともある。事務所は第二次世界大戦から一九七〇年までは一八一〇号室にあり、そのあと一八二〇号室に移った。**『保守的な投資家ほどよく眠る』**（パンローリング）の原書の裏表紙には、両方の事務所の写真が載せてあり、これらの写真は私の会社の本社会議室にも飾ってある。

この間、父は事務所の模様替えを一回もしなかった。同じ机を使い続け、それは今では昔の私の部屋にある。椅子も、そのほかの備品も四〇年間使い続け、そのどれもが質実剛健だった。父自身も質実剛健だった。贅沢は、サンフランシスコ湾の眺めくらいだろう。しかも、一八二〇号室に移ると、角部屋で二方向に湾を眺められるようになった。すごい贅沢だ。一九五〇年代当時、ミルズタワーはラスビルディングとともに市内一の高層オフィスビルだった。一九七〇年に一八二〇号室に移ったとき、両方の窓から見晴らす湾をさえぎる物は何もなかったのだ。しかし、一九八〇年代半ばに私が父の荷物を運び出したとき、どの窓からも、見えるのはさらに高いビルだけだった。一九七〇年代にサンフランシスコで沸き起こったオフィスビルブームで、父の事務所の周りにも次々と高層ビルが建設されていった。そして、湾の眺めがなくなると、事務所に対する父の思い入れも冷めていった。

父は、仕事を終えるとまた一・六キロ歩いて駅に向かい、帰りの電車でも資料を読んでいた。ただ、後年は前にも書いたように、帰りの列車で眠ってしまうことが多くなった。会社には九時に出社し、四時に退社して帰路についた。雨の日はバスに乗ったが、非常に嫌がっていた。バスにはだれでも乗れるため、あらゆる階層の人たちと近くに接することになり、たとえ気のいい人たちであっても父は居心地が悪かった。父は根から社交的ではなかったのだ。父は、ビジネスで成功した多くの人とは違い、長時間、死に物狂いで働くようなことはなかった。私は最初、短時間労働で、さしたる苦労もなしにあれほどまで成功した父に驚いたが、それは父にたぐいまれな才能があったからだと気づいた。父はときにレーザー光線のようで、それは美しくすらあった。仕事人生のなかで、そのようなときが何回かあって、あまり大きな失敗をしなければ、大きなことを達成することができる。父にはそれができたため、うまくいったのである。

そして、父はいつも独りだった。一九七〇年に兄が父の下で働き始めるまで、父のそばには週に数回半日だけ出勤する秘書がいただけだった。一九七〇年代まで（このころから父の仕事に陰りが見え始めた）の何十年かで、唯一父の会社で働いていたのはミセス・デル・ポソという女性だった。若かった私は彼女のことをあまり知らなかったが、今思えば父のことをもっと聞いておけばよかったと後悔している。彼女を除けば、父は独りで、社会とかかわらず、ただ考え、読んでいた。電話で話すことはあっても、それは人とかかわるためではなかった。明らかな人嫌いだったのだ。

父は選挙速報を見るのが好きで、毎回熱心に見ていた。しかも、認知症になるまでは、驚くべき記憶力を誇っていた。父は常に下院議員四三五人と上院議員一〇〇人の名前をすべて記憶していた。夜は、眠りに落ちるまで、州ごとの議員の名前を順番に思い出していた。また、各州の州都も覚えていて、子供だった私にも覚えさせようとした。父にとって、変わらないことを暗記するのは、難しいことではなかった。しかし、議員は代わるので、覚える価値があったのだ。ただ、これが裏目に出たことが一回だけあった。ウォーレン・バフェットと知り合ったときだ。父はバフェットの父親でオマハ出身の下院議員だったハワード・バフェットの名前が頭に残っていたため、ウォーレン・バフェットに何回も「ハワード」と呼び掛けてしまい、そのたびにバツの悪い思いをした。ウォーレン・バフェットがそのことを指摘することはなかったが、私が何回か指摘して嫌がられた。いずれにしても、父は新しい暗記材料を楽しみに選挙開票を見ていた。また、政治分析も好きで、その意味でも選挙には関心があった。そして、父の分析はなかなかのものだった。議員の名前をすべて暗記していた父は、それだけでも分析にはかなり優位だった。アメリカ国内に上下両院のすべての議員名を、常時、覚えている人は五〇〇人もいないと思うが、父はその一人だったのだ。

また、議員の名前を覚えていた父にとっては、選挙が近づくと、接戦区などの情報もみんなよりも楽に頭に入った。チャールズ・クックなどといった政治アナリストが予想を述べるはるか前に、父は地域別にそれぞれの党について、当確から接戦まで段階別に予想していた。投票日の夜は、最も接戦が予想されるいくつかの選挙区の速報を注視していた。そして結果が出ると、夜遅くまでデータを集めて記録し、次の二年間の議会のパワーバランスへの影響を検討したり、大統領やアメリカ政治全般に影響するかどうかを分析したりしていた。父は、接戦がどちらかに決する理由をつきとめるのは得意ではなかったし、自分でもそう思っていたが、どこが接戦になるかは分かっていたため、そこを注視していた。私は、父の不得手なことだという理由だけで、のちに接戦の勝因を学ぼうとしたことがある。父が知らないことを知りたいと思ったからだ。父は晩年、私がそれをできることに驚いた。できる人がいるとは思っていなかったからだ。ちなみに、これは簡単なスキルだった。皮肉なことに、もし父が若いころにこのスキルを教わっていたら、相当うまくできただろうし、私よりもはるかに優れていたに違いない。父には五〇歳までに学ばなかったことは、ずっとできなかったという面があった。五〇歳というのは本書が出版されたころで、そのころにはさまざまなことを抱えていたからかもしれない。

本書の出版は、仕事以外における父の変わった性格ともつながっていた。父が書いた本書の献辞に注目してほしい。「この本を『もう決めたから、事実を示して混乱させないでくれ』と考えないすべての機関投資家と個人投資家に捧げる」と書いてある。私の知るかぎりにおいて、投資以外のすべての分野で父は事実によって混乱したくないと思っていた。父は習慣を何よりも大事にする人で、それを邪魔されたくなかったからだ。すべてのことが現状どおりでなければならなかった。どのようなことも、新しく改善して置き換えることはできなかった。父が古い家を壊して新しい家に建て替えたのは奇跡とも言える。変化につながる事実ならば必要なかったのだ。このことは、庭から車、服、家具、知人まで、すべてに及び、とにかく変化を嫌った。私が短期間、父の下で働いていたとき、私は仕事上の父をあまりよく分かっていなかったが、父の事務所がかなり時代遅れだということは分かった。そこで、それを少し改善しようとした。

一九七二年、父の机にはまだダイアル式の電話が三台あった。耳が遠かった父は、一つの電話で話しているときに別の電話が鳴ると、どちらの電話か分からず、間違ったほうをとって慌てて切り、別のほうをとるなどということをしていた。そこで、私は複数の番号を受けられて、番号が点灯する標準的なビジネスホンを導入した。このことで父の機嫌が直るまでには何カ月もかかった。私は父の世界に干渉し、父はそれを改善とは受け止められなかったのである。ただ、父もビジネス上のメリットは理解し、ビジネスのためならば変わることができた。そして、最終的には新しい電話に慣れてくれた。これは新たな習慣になり、私に腹を立てていたことも忘れてしまった。しかし、私が一四歳のときに、アルバイトで貯めたお金で買ったジャケット——家族旅行で森に行ったときに着てもらおうと思ってプレゼントした——を父は一回も着ることはなく、大昔からあるコートを着続けた。とにかく父は、変化が嫌いだった。

父の事務所には、恐竜時代からありそうな古い手動の加算器もあった。父がそれを使って計算しているのを初めて見たときは、机が壊れるのと父の手首が折れるのとどちらが先かと思った。私の会社の席のすぐ近くには、思い出の品がいくつも飾ってある。そのうちの一つは父の事務所にあった一九六一年一〇月二〇日のウォール・ストリート・ジャーナル紙で、初めての四則計算機を紹介する記事が載っている。当時の名称はポケットコンピューターで、IC（集積回路）が使われていたが、当時は「固体回路半導体ネットワーク」と呼ばれていた（ICは一九五〇年代にテキサス・インスツルメンツのジャック・キルビーが共同開発したもので、彼はのちにノーベル賞を受賞した）。この計算機は宇宙開発のために開発され、重さは約二八〇グラム、価格は二万九三五〇ドルだった。父はテキサス・インスツルメンツの初期の株主の一人だとファイナンシャルアナリスト協会連合会（ＦＡＦ）の論文に書いており、私が働き始めたころには相当数の株を保有していた。そこで私は一九七三年に初期の電子計算機を買い、古い手動の計算機を廃棄した。これならば、テキサス・インスツルメンツ製で、前の計算機よりもはるかに優れているし、これまでなかったさまざまな機能が付いているので気に入ってくれるだろうと思ったのだ。しかし、父は変化をまったく喜ばなかった。そして、変化を受け入れるのに一年近くを要した。それでもやっと慣れると、まるで大昔から持っていたかのごとく使っていた。父はテキサス・インスツルメンツ株を一九八〇年代に売却したが、そのときにはすでに骨董品に近かった古い計算機を引退するまで使い続けた。とにかく変化が嫌いな人だった。

父は、生涯で友人が五人しかいなかったことを本人も認めている。デビッド・サミュエルズ（年下のいとこ）、エド・ヘラー、フランク・スロス、ルイス・ラングフェルド、ジョン・ハーシュフェルダーの五人だ。全員、比較的若いころからの知り合いで、親族は一人だけだ。彼らはみんな地元にいたが、大人になってからはほとんど会うことがなかった。デビッド・サミュエルズとは子供のころからの付き合いで、定期的に電話では話していたが、会うのは年に二回程度だった。前述のとおり、エド・ヘラーは二〇歳弱ほど年上で、父よりも早く成功し、裕福だった。そして、父にとっては早くからの重要なメンターだった。二人はヘラーがいとこと結婚したときに知り合った。彼は株式投資家として成功しており、優秀なビジネスマンで、ベンチャーキャピタリストで、一九五〇年代初めまでは、父が最も慕っていた人と言ってもよいかもしれない。しかし、そのあと父は彼を女たらしだと結論付け、関係を断った。ヘラーはそのすぐあとに亡くなった。フランク・スロスはスタンフォード時代のルームメートで、ずっと親しくしていた。スロスがいとこと結婚したあとも、一九八〇年代に彼が亡くなるまで友情は続いた。サンフランシスコで、今日で言えば資産計画専門の弁護士をしていたスロスは、亡くなるまで父の証券関係以外の法律業務のほとんどを請け負っていたため、頻繁に連絡をとっていた。ただ、それ以外のことで会うことはあまりなかった。ルイス・ラングフェルドは、父の遠縁で、長年の顧客でもあり、よく一緒にサンフランシスコまで通っていた。近くに住んでいた彼は、通勤前に父を迎えに来ることもよくあったため、私はほかの四人よりもはるかに会う機会が多かった。ラングフェルドは一九五〇年代に亡くなったが、彼の息子が最後の請求書の支払いを拒否したため、父はこの息子を訴えて勝訴したと聞いている。父は冷淡で毅然とした人だった。そして、孤独だった。この息子ももう亡くなっている。最も長い付き合いとなったジョン・ハーシュフェルダーはエンジニアで、子供のころから仲良くしていた。しかし、大人になってからは、四年に一回くらいしか話すことはなかった。父は彼の妻が嫌いで、会うといつも腹を立てていた。しかし、彼が入院すると、亡くなるまで父は病院に通い続けた。大事な友人だったのだ。しかし、孤独を好む父は、友人とどう過ごせばよいか分からなかった。感情を表に出さず、母以外のだれとも一緒にいることはできなかった。人があまり好きではなかったのだ。ほとんどの人は友人とともに過ごし、一緒にいること自体を楽しむが、父はそうではなかった。

父は独りでいるか、母と過ごすのが好きだった。そして、母と二人のときも、母は自分の部屋にいて、父は居間にいるなど、それぞれが独りで過ごしていた。それが父だった。しかし、仕事や庭いじりのとき以外に母と離れると、父は不安にさいなまれた。それでも、母以外の人とは一緒にいたくなかった。父は私をかわいがっていたが、ずっと一緒にいるとイライラし始めた。母以外で最もお気に入りのアーサーでさえそうだった。父は下の兄のドナルドよりも私をかわいがっていたため、それがドナルドを傷つけた。また、私よりも上の兄のアーサーをかわいがっていたため、そのことがアーサーを傷つけた。結局のところ、父はただ孤独な人だったのだ。父はだれと交流しても、程度の差はあれ、独りだった。一九七〇年代初めにアーサーと私が順次父と働くようになったとき、父は気が変になりそうだったのだろう。仕事人生のほとんどを独りで過ごしてきた父にとって、私たちが周りにいることは重荷でしかなかったのだ。その様子を見て、私はまだ父という人間を理解しきれていなかったことに気づき、前述のとおり、他者に仕事を委譲できない父の下で仕事を学ぶチャンスはないと悟った。私は早い時点でお互いのために父とは距離を置くことを決め、一年もしないうちに父の会社を辞めて自分で会社を始めた。ただ、この会社は父と同じビルに置いた。私には、変わり者の父に惑わされず、距離を置きながら、それなりに近しい関係を維持するという稀有な才能がある。しかし、アーサーにはそれができなかった。父への感情がありすぎたのだ。アーサーは、私ほど気持ちが強くなかったが、その理由は分からない。二人の兄は、父のことを深刻に受け止めすぎて、私はどうまく父と付き合うことができなかったのだと思う。アーサーは父の気持ちが重荷になり、結局一九七七年にこの業界を離れ、シアトルに移って学問の道に進んだ。父は、単純に人と親しくかかわることができない人だった。

父は倹約家でもあった。私が若かったころ、一緒に出張するとホテルはいつも父と同室だった。私が自分で部屋代を支払えるようになってからも、父は私がお金を「無駄にする」のが耐えられなかった。さすがに、私も三〇歳くらいになると、どうにも我慢ができなくなった。ただ、そのおかげで父の思いがけない、忘れられない一面を見たこともあった。一九七〇年代初めに、父と私はモントレーに行った。米国電子工学協会（ＡｅＡ）が主催したテクノロジー株を大々的に宣伝するイベントの走りで、のちに「モントレー会議」と呼ばれるようになった集まりに参加するためだ。会議の夕食会ではそれぞれの席にカードが置いてあり、翌日のダウ平均を予想するというたわいのない余興が行われた。私たちはそれぞれカードに数字を書き込み提出した。最も近い値を書いた人は、小さなカラーテレビ（当時は流行の新製品だった）が当たるという。勝者は翌日の昼食時、午後一時（太平洋標準時）にマーケットが引けた直後に発表されることになっていた。私を含め、ほとんどの人が小さい動き（例えば五・五七ポイント上とか下）を予想した。飛び抜けて大きな動きがあることなどほとんどないのだから、明日もないだろうと思ったのだ。当時のダウ平均は九〇〇ドル近辺で、五ポイントの動きは特に大きくも小さくもなかった。その夜、ホテルの部屋に戻り、父に何と書いたか聞くと、「三〇ポイント上昇」という答えが返ってきた。これは三％以上の上昇だ。理由を尋ねると、父はマーケットがどうなるかなどまったく分からないからと言った。父を知っていれば、父がその日のマーケットの見通しを持っていないことは分かっている。ただ、もし私のような感覚で数字を書いて勝ったら、五・五と書いた人や六・〇と書いた人を負かしたとしても、運が良かっただけだと思われるに違いない。しかし、「三〇ポイント上昇」と書いて勝ったら、みんなは運ではなく、父が何か知っているのだと思うだろう。それに、もし負けても（おそらくそうなる）、父が何と書いたかはだれも知らないし、失うものもないと言うのだ。もちろん、翌日のダウ平均は二六ポイント上昇し、父はみんなに一〇ポイントの差をつけて優勝した。

昼食会でフィル・フィッシャーがこれほど高い数字を書いて優勝したことが発表されると、参加していた何百人もの参加者から「おお」とか「ああ」とかいう声が上がった。もちろんその日の話題を独占した父はみんなから説明を求められ、どのようにして事前にニュースを察知し（まったくのフィクション）、なぜマーケットがこのような動きに至ったか（これもフィクション）を会議の最終日まで語り続けた。父には偽りのショーマン的なところもあったのだ。私はこのときの様子を注意深く見ていたが、話を聞いた人たちはみんなすっかり父の言うことを信じていた。父は社交性がなく内面では不安を抱えていたが、このとき私は、父が私の想像をはるかに超えるショーマンだったことを知った。ちなみに、自分の生活を変えたくない父にとって、小さなカラーテレビはまったくの不用品だった。テレビは私が持ち帰り、それから長いこと母が使っていた。

三つのW

そのほかに、父が大いに楽しんでいたのが、三つのWだった。歩くこと（walking）と、心配（worrying）と、仕事（work）だ。私は父が普通の人のようにくつろいでいる姿を見たことがないが、それは父が心配性だったからだ。父の内面には果てしなくたぎる神経エネルギーのようなものがあり、父はそれを心配することに向けていたのだと思う。父の心配症は何にでも及んだ。心配することによって、父は安心感を得ていたのだと思う。心配さえしておけば、すべてのリスクを網羅して悪いことは何も起こらないとでも思っているようだった。父は同じことを繰り返し心配していた。父はいつも心配し、私はいつも反抗していたため、私が心配することはほとんどなかった。しかし、それが父には気に入らなかった。私はいつも集中的に一回だけ考え、あとは決めたことを行動に移す。そして、もし間違っていると思ったら、最初の決定を変えることもある。しかし、父にはそれが我慢ならなかった。父はよく私に「ケン、もう少し恐れを持ってみてはどうだい。一回だけでもやってみてほしい。恐れてみてほしいんだ」などと言っていた。父は、「恐れを持つこと」に誇りを持っていた。私にはそんな生き方をする理由が分からなかった。しかし、父は私のためだけでなく、自分のためにそれを望んでいた。父は庭に座って自分が気にかけているあらゆることを心配していたが、そうすることで気持ちが楽になっていたのだろう。もしかしたら、父がほとんどの投資家ほどたくさんの間違いを犯さなかったのはそのおかげかもしれない。父はあらゆることについて死ぬほど心配していた。もしかしたら、そうすることによってリスクを減らしていたのかもしれない。その一方で、父がさほど金持ちにならなかったのもそのせいかもしれない。ほとんど間違える心配がないところまで考え抜いたリスクしかとらなかったからだ。つまり、父は大きなリスクをとらなかった。ちなみに、大金持ちになった人たちは、父がけっしてとらないような大きなリスクを計算したうえでとっていた。

歩くことについてはどうだろうか。父は、歩くことによって体のなかの余計なエネルギーを浄化しており、歩いているときが最もくつろいでいるように見えた。街中でも森でも、長い距離を歩いて心を落ち着かせていた。父は歩きながら冷静に話をすることができた。父は平日、駅までの道を行きも帰りも歩いていた。しかし、父にとっては、速足でなければ意味がなかった。アーサーと私が父と一緒に通勤していたときは、汗はかくし、苦しくて、とても嫌だった。一方、父はけっして汗をかかないし、暑いのが好きだった。ただ、歩いているときは、父が自分の思いを話すことができる唯一のときでもあった。父が引退する少し前に、私が事務所の荷物をサンマテオの家に移したあと、父は駅までの往復でサンマテオの住宅街の花々を見て歩くのは、大人になってから最も平穏なときだったと語っていた。父の歩きはただ素晴らしかった。足元はふらついていたが、どんなときでも、どんなに遠くでも、どんなに急な坂でも自分の足で歩いていた。歩くのが本当に好きだったのだ。

私の家と仕事場は、アメリカスギに覆われた約六〇〇メートルの山の頂上にあり、目の前に太平洋が広がっている。私はここに三〇年住んでおり、五〇〇人の社員のうち二〇〇人が本社でもあるこの場所で働いている。近くには、約二〇〇〇ヘクタールの自然保護区に唯一ある私の山頂の牧場もある。父が八〇歳のとき、兄のドナルドがオレゴン州から遊びに来たことがあった。ほかの親戚も集まっていた。私は、父とドナルドと当時一二歳だった次男のネイサンと四人でハイキングに出て、プリシマ渓谷から海に向かう道を、木々を抜けて歩いていた。父はこのとき、少年のように口笛を吹き、おしゃべりをしていた。心配もせず、歩いていた。歩きが心配症を消していたのだ。人生のほとんどをこの山で過ごしてきた私は、この付近に詳しいし、丘を歩くのも慣れている。道が分かれるたびに、私は父に「こっちに行けば近道で、傾斜が緩く、早く戻れるし、あっちに行けば遠回りで、渓谷をさらに下ることになり、傾斜もきつくなるけど、どちらに行きますか」などと声をかけていた。すると、父は毎回、遠回りできついほうの道を選んだ。約四〇〇メートル下り、約八キロ歩いたところで、そろそろ戻る時間になった。私は少し心配した。八〇歳の父と、肥満で運動不足で心臓も強くない兄である。当時、兄は上級看護師の資格を取るために勉強しており、激しい息遣いで丘を登りながら、定期的に自分の脈を取っていた。父は定期的に後ろにいる兄を振り返り、少し止まるかペースを落とさなくてよいかと聞いた。そして、兄は何回も休憩をとった。しかし、休憩中は歩いていないため、父の心配症が始まる。父は何でもないことを心配し、それを大きな心配事にしてしまうのだ。このときも、帰りが遅くなると、母が私たちのだれかがケガをして休んでいるのではないかと心配することを心配していた。そして兄に、母が心配しているからそろそろ行こうと何回も声をかけるのだ。かわいそうに兄は重い足をひきずり、息を荒くして、脈を取りながら山道を登っていった。ちなみに、山育ちのネイサンは、子鹿のように先頭で走り回っていた。日が暮れ始めると、父はイラつき始め、ペースを上げたがった。このとき、もちろん母は心配などしていなかった。母はそういうタイプの人間ではない。その夜、兄は両親の家に泊まったが、翌朝足が腫れて痛み、起きることも立つこともできなかった。父は、兄が起きてくるのを待ちながらずっと心配していたと、あとで聞いた。父が好きなことは、歩くことと、心配することと、仕事をすることだった。

父との最高の思い出のひとつは、思いがけないときに訪れた。私が一六歳のときだ。両親とドナルドと私は、夏休みにワイオミング州の観光牧場で過ごしていた。アーサーはもうすでに家を出ていた。父と私は毎日ハイキングに出かけた。兄はあまり一緒に行きたがらなかった。当時、私は野生生物に魅せられていて、生き物ならば何でも好きだった。ある日、私たちはハイキングをしながらレイヨウを探していた。父は歩きながらよく話し、私はレイヨウのことばかり考えていた。私たちは、かなりの距離を歩き、おそらく車から六キロ以上離れてしまっていた。気づくとそこは低い木がまばらに生えた高い台地だった。空を夏の雲が覆い始めたため、私たちは車に戻り始めた。急に空が暗くなり、どこかから涼しい風が吹き、雷が鳴り、霰が降り、すぐにゴルフボールほどのひょうが襲ってきた。私たちは車に向かって走り出した。雷がそこかしこに落ちてくる。こういうときは地面に腹ばいになっていたほうがよいのだろうが、まだ若くて何も知らなかった私は走り続けた。足元から三メートルとか七メートルのところに雷が何回も落ち、とても怖かった。霰が頭に当たるため、父は頭を押さえて走っていた。私は一六歳で、運動もしていたが、五九歳の父もどこまでも歩ける足を持っていたため、私に遅れることなく走っていた。やっと車にたどり着いた私たちは車に飛び込んだ。雷は鳴り続けていたが、もう安心だった。このとき、私はあんなに笑った父を初めて見た。父は必死で走っていたため、その一時間の間は心配をしなかったのだ。

一九八〇年代初めに、父はサンフランシスコで駅から事務所に歩く途中、何回か嫌な経験をした。よそ見をしていて鉄柱に頭をぶつけたり、気を失って倒れたり、チンピラの強盗に遭ったりしたのだ。そこで、母と私は父を説得して、一九七七年に事務所をサンマテオに移した。新しい事務所は、五番街とエルカミノリアル街にある小さなオフィスビルにあった。父は毎日家から会社まで歩いて通うようになり、それを喜んでいた。庭を眺められるし、強盗には遭わないし、信号やひどいタクシーにも出遭わなかった。美しい花はあるし、心配事もなかった。

前にも書いたように、父は晩年、日曜日に庭で倒れることが多くなった。これは認知症の兆候だったが、当時はまだだれもそのことに気づいていなかった。今考えれば、あのころほかにも兆候があった。しかし、認知症についての知識がなかったため、だれも気づかなかった。父の父もおそらくアルツハイマー病を患っていたが、当時はその名称すらなかった。初期症状は、見つけるのが難しいだけでなく、症状を知らなければ見つけるのはほぼ不可能だ。そして、父の周りでそれを知る人は一人もいなかった。しかし、もし気づいたとしても、頑固で年老いた変わり者の父が私たちの言うことを聞くことはなかっただろう。父はいつも我が強く、だれの言うことも聞かなかった。

父のスタンフォードの教え子の一人にトニー・スペアがいた。彼は、卒業後はカリフォルニア銀行の資産運用部門の責任者を経て、自身の資産運用会社（今はすでに売却している）を設立し、成功していた人物で、長年父のことを尊敬していた。一九九八年一一月五日、サンフランシスコで顧客のためのセミナーを開いていたスペアは、父に夕食会での講演を依頼した。父は夕方サンマテオの事務所を出て駅まで歩き、サンフランシスコ市内でタクシーを拾ってセミナーに行った。その夜は、スペアが父を車で送ることになっていたが、父は歩いて帰ってきた。午後の雨で歩道は濡れていた。サンマテオの中心部で、信号が黄色に変わりかけているのを見た父は、いつものように走り出した。しかし、縁石の近くですべって転び、右の腰をまともに打ってしまった。そのあと腰は順調に回復したが、このことがきっかけで、ダムが決壊したように認知症の症状が一気に現れた。

すぐに父の体は回復したが、記憶と理論的な思考に変調を来した。それでも、父の健康プログラムを管理していた私は、父の回復力にかなり気を良くしていた。しかし、高齢者が腰を悪くするとよくあることだが、父は一九九九年一月一五日にひどい肺炎にかかり、死にかけた。集中治療室で治療を受けていた一月一九日には、朝まで持たないとまで言われた。母はひどく動揺していた。アーサーもシアトルから駆けつけ、父に付き添っていた。午前三時、頑固で年老いた変わり者の父は、昏睡状態を乗り越え、最初はつま先の刺激に反応した。午前五時、アーサーが私を呼んだ。そして八時、私は母に電話を掛けて、すでに父の死の悲しみに暮れていた母に、夫に会いに来れば話ができると伝えた。父はまだ人工呼吸器を付けていたが、意識が戻り、目もしっかり見えていた。私は父が集中治療室を出ると、私のかかりつけの医師の指導の下、何人かの専任看護師に二四時間体制で看護してもらうことにした。病院もできるかぎりのことはしてくれるが、父のような状態の高齢者についての看護はあまり良いとは言えないし、彼らの機能を考えればできることもあまりない。私たちは家族のほうが良い看護ができると確信していた。父が入院していた病院は、それまで外部のスタッフを受け入れたことがなかったが、非常によく対応してくれて、期待した以上に自由にさせてくれた。しかし、父にはそれが必要だった。父は、回復するまでに二回も死の淵をさまよったのだ。一回は、緊急に針を刺しての肺の水を約一五〇〇ｃｃも抜いた。このときは水が急に溜まったため、専任看護師がすぐに気づかなければ、生き延びることはできなかっただろう。ただ、この傷は父の体と頭をさらに蝕んでいった。

数回の発作を含む危なかった時期も、認知症が一気に進むきっかけとなった。ただ、それでも父の丈夫な体は、一日に一〇キロ近く歩き、かなりの時間はっきりと話せるくらいには回復した。しかし、思い出せないこともたくさんあった。このころの父は、一九六八年以降のことはほとんど忘れてしまっていた。認知症の典型的な症状だが、父の記憶は少しずつ古いことのみになっていった。父が今、覚えていることはわずかで、認識できる人も何人かしかいない。これも認知症末期の典型的な症状だ。記憶はゆっくりと不定期に失われていっているが、何カ月かごとに起こる変化が、私たちには驚くほど速く感じる。今、父がいつも認識できるのは母と私だけである。一番かわいがっていたアーサーのことが分からなくなったときはショックだったが、ときどきは分かることもある。父が私のことを分かるのは、頻繁に長い時間会っていたからだ。自宅で二四時間看護を受けている父は、寝たきりで、歩くことができないため、人生のほとんどにおいて楽しんできた歩くことと、心配することと、三つ目のWである仕事はもうできない。私は、両親の健康やお金のことなどもろもろのことを管理している。母はまだかなり元気だが、父は昔の父とはまったく違う。私が知っている父はもういないのだ。

最近の母は、いつも父に付き添っているが、その負担が重くのしかかっている。父の医療プログラムのスタッフは全体として見れば素晴らしい仕事をしているが、母はいつも満足せず、すぐに介入しようとして結局は自分自身を消耗させている。それでも、母が見えないと父は母を呼び、そうすると母もみんなも大変な思いをする。父がいずれ亡くなったときに、そのことをどれほど呪い、どれほどありがたく思うのかは分からない。分かるはずもない。ただ、はっきり言えるのは「高齢は弱虫には向いていない」ということだ。

両親には一一人の孫と四人の曾孫がいる。初孫はドナルドの長女で、ケーリー大伯母の名前を受け継いだ伯母の名前をさらに継いでケーリーと名付けられた。二人目はアーサーの長男で、父の名前であるフィリップ・A・フィッシャーを受け継いだ。しかし、名前を継いだのはこの二人だけだった。父はいつも孫のだれも母の名前を継がなかったことを残念がっていたが、母は何とも思っていなかった。母はそんなことで思い悩むタイプの人間ではなかった。父は子供を授かるのが比較的遅かったため、最初の孫をかわいがっていた。母は自分が末っ子だったためか、小さい孫がかわいいようだ。曾孫については、二人のことはほとんど知らず、あとの二人も遠方に住んでいるため、会ったことがない。私の知っている父を知っている孫は何人かしかいない。そして、彼らが父の鏡の恩恵を受けることはない。

大事なこと——父という鏡

父は偉大な人で、多くの人——経済界のリーダーから教え子、ほかの分野に進んだ教え子の教え子まで――に大なり小なり影響を与えた。父には、人にそれまで見えなかったものを見せる才覚があった。しかも、それを教えるのではなく、何らかの方法で、彼らが父に出会わなければけっして考えなかっただろうと思うようなことを考えさせてしまうのだ。父はときに、人の脳にある鏡のような存在だった。

これまで何十年かの間に、私は次のような言葉を何回聞いたか分からない。「お父さんには一回だけ会ったことがあります。ほんの短い間でしたが、お父さんはXとYとZの話をしてくれました。それが考えるきっかけになり、自分の会社を立ち上げるアイデアを思いついたんですよ」。もちろん、それは彼らのアイデアなのだが、彼らはなぜか父のおかげもあると思っていた。父は彼らの資質を引き出したのだ。父は何らかの方法で、彼らがいずれ思いついたかもしれないことを考えさせ、彼らは父と話したことでそれを考えることができたと信じていた。彼らの何人かについては私もはっきりと覚えているし、彼らが父に言われたと思っていることを、実際には言っていないケースもある。しかし、彼らは何らかの方法で正しい言葉を聞き、その恩恵を受けた。父の書いたものも同じで、多くの人に影響を及ぼした。この何十年かで、多くの投資家が本書や『保守的な投資家ほどよく眠る』に書いてあったことがきっかけで、あれやこれやができたと私に話してくれた。もちろん実際はそうではない。彼らが何かを成し遂げたのは、彼ら自身の考えがあったからだ。しかし、彼らは父の本を読んだことがきっかけでひらめいたと信じている。これらの本は良い本だ。しかし、そこから受ける刺激はさらに良い。

これはとても素晴らしいことである。もし父の書いたものを読んでアイデアがわいたり、父が言ったわけでなくてもあなたの動機づけになったのならば、さらに良い。このことは、父の本を読み返すと役に立つ理由のひとつでもある。父はたくさんの人の役に立つ鏡のような役割を果たしていたのかもしれない。父は、彼らが彼ら自身を見つめるきっかけとなり、彼らは父がいなければそのチャンスはなかったと信じている。本書の初版から四五年がたち、父が直接だれかに影響を及ぼすことはもうない。しかし、父の本はこの先もそうしていくだろう。もしこれまで父の書いたものを読んだことがないのならば、ぜひ父という人物を楽しんでほしい。もしすでに読んだことがある人は、再会を歓迎する。この四五年間に父の本に寄せられた反応を見れば、私にとって父の思い出がそうであるように、これらの本があなたのこれからの人生と、おそらくそのずっとあとまで寄り添ってくれることは間違いない。

株式投資で普通でない利益を得る

Common Stocks and Uncommon Profits

まえがき

すでにさまざまな投資本があるなかで、新たに本を出版するのならば、その理由について何らかの説明をすべきだと思う。ただ、私が本書を書くに至った経緯を正しく説明するためには、ある程度個人的な話をせざるを得ない。

一九二八年五月、私はスタンフォード大学に新設された経営大学院を一年で中退し、ビジネスの世界に飛び込んだ。就職したのはサンフランシスコにあった現在のクロッカー・アングロ・ナショナル・バンクで、二〇カ月後には主要部門のひとつだった統計部の責任者に任命された。今日で言えば、証券アナリストのような仕事だ。

ここで私は、一九二九年秋に大天井を迎えた金融界の驚くべき熱狂の時期と、そのあとの逆境の時期を目の当たりにした。そして、このときの観察から、一部の株式ブローカー――昔ながらの無礼な連中で、価格はすべて知っていても、価値については何も知らないタイプ――とは対極にある専門的な投資顧問会社を西海岸に作れば、大きなビジネスチャンスがあると考えるようになった。

一九三一年三月一日、私はフィッシャー&カンパニーを創業した。当時、この会社は一般投資家向けに少数の成長企業の株を中心とした助言を行っていた。この事業は非常にうまくいった。しかし、第二次世界大戦が勃発した。それから三年半、私は陸軍航空隊で軍役のかたわら、過去一〇年間の投資活動のなかでうまくいったことと、それ以上に自分やほかの人がうまくいかなかったことを見直していった。すると、それまで金融界で常識とされてきたいくつかのこととは違う投資原則が見えてきたのだ。

終戦を迎えて退役した私は、これらの原則を、ビジネスの世界で、できるだけ細部にとらわれずに実践してみることにした。それから一一年間、フィッシャー&カンパニーは、不特定多数の一般投資家ではなく、一時期に最大一二人の顧客に限定してサービスを提供してきた。この間、顧客はほとんど入れ変わっていない。私の会社では、急激な資産増加を狙うのではなく、私の投資原則を厳守するという方針で投資をしてきた。この一一年間は、株価が全体的に上昇していた時期で、投資をすればだれでもそれなりの利益を上げることができる時期だった。しかし、私のファンドが常にマーケットの一般的な指標を上回っていたことは、この原則が正しいことを示していた。しかも、この原則を全面的に用いた戦後の一一年間のほうが、原則を部分的に用いていた戦前の一〇年間よりもマーケットを大きく上回っていたのだ。そして、さらに重要かもしれないことは、マーケット全体に動きがないときや、下落しているときも、パフォーマンスが下がらなかったことである。

私は、自分やほかの人たちの投資記録を分析して二つの重要な考えに至り、それが本書執筆につながった。ひとつは、すでにいろんなところで書いていることだが、大きな利益を得るためには忍耐が必要ということである。株価に何が起こるかを予想するほうが、それがいつ起こるかを予想するよりも簡単だからだ。そしてもうひとつは、株式市場がみんなを欺こうとする性質を持っているということだ。みんながしていることにつられて同じことをしてしまえば、たいていはまったく間違っているのである。

これらのことを踏まえ、私はずっと、自分のファンドの顧客に対して、投資活動の理由を私の原則を使って説明してきた。そうすることでのみ、顧客は私が彼らのためにまったく無名の株を買った理由を十分理解し、株価がその買いを正当化できる水準に達する前に投げ出したい衝動に駆られても、負けないでいられるからだ。

そうしているうちに、私は自分の投資原則をきちんと書面にまとめ、いつでも参照できるようにしたいという思いが出てきた。そこで、本の執筆を模索し始めた。このとき私の頭に浮かんだのは、私に助言を求めてきたたくさんの個人投資家のことだった。私のファンドの顧客よりも少ない資金で投資を始めようとしていた彼らは、まず何をすべきかを知りたがっていた。

私は、多くの個人投資家が投資の基本概念を学んだことがないせいで、意図せず間違った考えや投資方法を覚えてしまい、あとになって高いツケを払うことになる場合の困難に思いをはせた。また、彼らとは別の立場で、投資に大いに関心を持つ人たちと、たくさんの話をしたことも頭に残っていた。この人たちは、会社の社長や、上場会社の財務担当副社長、財務部長などといった人たちで、彼らの多くも投資を学ぶことに大いに関心を持っていたのである。

私はこの種の本が必要とされているという結論に達した。そして、このような本は、あなた、つまり読者に形式ばらずに直接説明する形にしたいと思った。そこで、本書は私が自分の顧客に説明するのと同じ言葉で、同じような例を使って、同じ概念を紹介していこうと思う。私のざっくばらんで、時には率直すぎる説明に、どうか気を悪くしないでほしい。そして、ここで紹介するアイデアが、私の書き手としての力量のなさをはるかに上回るメリットがあると感じてもらえれば幸いである。

一九五七年九月　カリフォルニア州サンマテオにて

フィリップ・A・フィッシャー

第1章　過去から学べること

あなたは、銀行にいくらか貯金をしているだろう。そのお金で、株を買うことにしたとしよう。そう決めたのは、そのお金でほかのものを買うよりも増やしたかったからかもしれない。あるいは、アメリカとともに成長したかったからかもしれない。おそらく、ヘンリー・フォードがフォード・モーター・カンパニーを設立し、アンドリュー・メロンがアルミニウム・カンパニー・オブ・アメリカ（アルコア）を設立したときのように、将来の基盤を作る新しい会社をあなたも見つけたいと思ったのではないだろうか。それとも、将来の期待よりも恐れから、困ったときのために大事な資産を蓄えておいたほうがよいと思ったのかもしれない。それともインフレについてあれこれ聞かされ、将来の購買力の低下から資産を守る安全な方法を知りたくなったのだろうか。

あなたがお金を殖やそうと思ったのは、おそらくこれらのことが入り混じってのことだろう。それにマーケットで儲けた近所の人の話を聞いたことや、ポストに入っていたパンフレットに、ミッドウエスタン・パンパーニッケルが割安になっている理由が書いてあったことなども影響しているのかもしれない。ただ、それらの背後にある真の動機はひとつだ。あなたがある理由で、何らかの方法で株を買おうとしたのは、お金を儲けようと思ったからである。

それならば、株を買うことを考える前に、まずは過去に最もうまくいった方法を知っておくべきだろう。アメリカの株式市場の歴史をざっと見ただけでも、二つのまったく異なる手法によって、目を見張るほどの富が蓄えられたことが分かる。まず、一九世紀と二〇世紀初頭には、主に景気循環に賭けることで少数の莫大な富と多くの小さな富が築かれた。不安定な金融制度によって、にわか景気と不況を生み出していた時代は、不況のときに株を買って好況なときに売れば、価値を生み出す有力な手段になったのである。金融界に強いコネを持ち、銀行業界が切迫してきたことを早めに知ることができた人は、特に有利だった。

しかし、ここで最も重要な事実は、株式市場全盛の時代――一九一三年にFRB（連邦準備制度理事会）の設立によって陰りが見え始め、ルーズベルト政権下で証券取引法が可決されて過去の歴史となった――でさえ、みんなと違う手法を用いていた人たちは、小さなリスクではるかに大きな利益を上げていたということだ。初期の株式市場でも、本当に優れた会社を探し、変動するマーケットに耐えて保有し続けた人は、安く買って高く売り抜けるためのさまざまな手法を駆使していた多くの人よりも、はるかに多い金を稼いでいたのである。

しかし、これで驚くのはまだ早い。それを上回るケースがあるのだ。そして、そのことが投資を成功に導く最初の扉のカギとなるかもしれない。今日、さまざまな証券取引所に上場されている銘柄のなかに、二五～五〇年前に一万ドルを投資していれば、それが今日、二五万ドルからその数倍になっている銘柄がいくつかではなく、たくさんあるのだ。つまり、これはほとんどの投資家とその親の時代に、自分と子供たちのために大きな富の基盤を築くチャンスがあったということを意味している。これらのチャンスは、特定の日の大パニック相場の底で買わなければならなかった、というたぐいのものではない。後に素晴らしい利益を上げることになるこうした会社の株は、安値で何年にもわたって売られていたのである。必要なのは、比較的少数の素晴らしい投資先となる会社を、そこそこ成功する会社や完全に失敗に終わるたくさんの会社のなかから見つけだすことだったのである。

それでは今日、将来に同じようなリターンを上げることができる投資チャンスはあるのだろうか。その答えを注意深く検討していこう。もしイエスならば、株式投資で大きな利益を上げるための道は明らかだ。幸い、今日のチャンスは今世紀初頭の二五年間と同じか、むしろはるかに大きいと考えられる有力な証拠がいくつもある。

理由のひとつは、この期間に会社経営の基本的な概念が変化し、それに伴って業務の執行方法も変わったことにある。一世代前、大企業の経営者はオーナー一族の一員だった。彼らは会社を個人的な所有物と考えていた。外部株主の利益などほとんど無視されていた。もし彼らが経営の継続について少し考えることがあるとしても（つまり、高齢の経営者が引退したときのために若い後継者を育成するのも）、それは株主のためではなく、その地位を継ぐ息子や甥のためでしかなかった。当時の経営陣が、現代の経営陣のようにできるかぎり最高の人材を登用して平均的な株主の投資利益を守ろう、と考えることなどほとんどなかったのだ。また、このような独裁的に経営されていた時代は、年老いた経営者の多くが改革案や改善策に抵抗し、提案や批判に耳を傾けることさえ拒否していた。これは、今日の経営者が常にライバルの動向を調べ、より良い方法を模索しているのとは考え方がまったく違っている。今日の経営トップは、自己分析を行い、改善策を追求し、社外のさまざまな専門家にまで助言を求める、といったことを継続的に行っているのである。

かつては、ある時点で、その分野の最も魅力的な会社がトップの座を維持できるかどうかは定かではなかった。それに、もしそれができたとすれば、その恩恵はインサイダーが独占していた。しかし、今日このような投資リスクが完全になくなったとは言えないまでも、注意深い投資家にとってはさほど大きなリスクではなくなっている。

会社経営における変化のなかで、注目に値する面がある。それは、企業が研究開発に力を入れ始めたことだ。ただし、これも経営陣が研究成果を永続的な利益につなげられなければ、株主にとって何の恩恵ももたらさない。今日でも、多くの投資家が企業の研究開発の素早い展開と、それがこの先もほぼ間違いなく続くということ、ひいてはそれが基本的な投資の方針に大きな影響を与えることに気づいていないように見える。

実際、一九二〇年代末の時点で、ある程度の研究組織を持っていた製造業の会社は数社しかなかった。しかも、それは今日とは比較にならないほど小規模なものだった。しかし、アドルフ・ヒトラーの脅威が高まるにつれて、軍事目的の工業研究が活発に行われるようになっていった。

それ以降、研究開発は拡大の一途をたどっている。ビジネスウィーク誌やいくつかのマグロウヒル社の業界紙が報じた一九五六年春の調査によれば、一九五三年の民間企業の研究開発費は約三七億ドルだった。しかし、それが一九五六年には五五億ドルに増え、一九五九年には六三億ドルに達すると、予想されている。この調査には、もうひとつ驚くべきことがある。主要な業界でわずか三年後の一九五九年までに、一九五六年には販売されていない製品の売り上げが総売り上げの一五～二〇%、もしくはそれ以上になると予想しているのだ。

同種の調査は、一九五七年春にも行われた。もし一九五六年の結果に驚いたのならば、その翌年の結果には仰天するかもしれない。研究開発費は前年から二〇%増えて七三億ドルに達していたのだ。これは四年で約一〇〇%増えたことを意味している。別の言い方をすれば、わずか一年前に予想していた三六カ月分の上昇額を、一二カ月間で一〇億ドル上回ってしまったのである。ちなみに、一九六〇年の研究開発費は九〇億ドルに達すると予想されている。さらに言えば、製造業のすべての業界（先の調査のようにいくつかの業界のみを対象とするのではなく）で、わずか三年前には販売されていなかった製品の売り上げが一九六〇年には一〇%を占めるようになると予想している。特定の業界のみで見れば、この割合は（新モデルやスタイルの変更を除外しても）その数倍になるだろう。

この種の変化は、投資に計り知れない影響を与える。しかし、研究開発には多額の費用がかかるため、それを賢く商売につなげることができない会社は営業費用の大きな負担に苦しむことになる。そのうえ、経営陣も投資家も、研究部門の利益率を簡単に測ることができる基準を持っていない。とはいえ、最も優秀なプロ野球選手でも、三打席で二回もヒットを打つことは期待できないのだ。つまり、平均の法則に従えば、相当数の研究プロジェクトが何も利益を産み出さないということだ。また、利益を生まないプロジェクトが偶然にある時期に異常にたくさん重なってしまうことは、最もうまく運営されている民間の研究所でさえ起こり得る。最後に、プロジェクトというのは、着想してから会社の収益に大きく貢献するようになるまでに、通常七～一一年程度かかる。つまり、最も儲かる研究プロジェクトでさえ、いずれ株主に追加的な利益を提供できるようになるまでは、大きな負担になるということなのである。

とはいえ、計画性のない研究開発費用が知らないうちに膨れ上がったとしても、研究が足りないことの代償はそれ以上に深刻だ。次の何年かで、さまざまな種類の新素材や新しいタイプの機械が登場すれば、時代についていくことができない何千もの企業の市場は確実に狭まっていく。業界が消滅することだってあり得るのだ。会社において基本的な物事の進め方の大きな変革は、コンピューターで記録を管理したり、製造過程に放射線を使ったりすることから始まるのかもしれない。そして、この傾向に敏感に反応して大幅な売り上げ増加を目論む会社が出てくる。このような会社の経営陣は、日々の業務の効率性をいつも追求し、長期的に影響を及ぼす分野で先頭を行くための優れた判断を下している。そして、このような会社に投資している幸運な株主は、だまってついていけば富を手にすることができるのである。

会社の経営陣の見通しが変化したことと、研究開発が盛んになったことに加えて、今日の投資家に、過去のどんな時代よりも大きなチャンスを与えてくれた三つ目の要素がある。それについては、本書後半の、株をいつ買い、いつ売るべきかについて書いたセクションで、景気循環が投資戦略にどのような影響を与えるか（もし与えるならば）ということと一緒に書こうと思う。ただ、これに関して先にひとつだけ書いておきたいことがある。一九三二年以降に連邦政府内で基本的な政策変更が行われたことによって、特定のタイプの株を保有することが非常に有利になったのである。

歴代の二大政党は権力の座にあった間の好景気については、自分たちの政策の成果でなくても、自分たちの功績としてきた。もちろん景気が落ち込めば、野党と一般大衆から非難される。しかし、この年までは、どちらの政党も、わざわざ巨額の財政赤字を負ってまで経営難の会社を支援することが、倫理的に正当だとも、政治的英断だとも思ってはいなかった。そのため、どちらの政権でも、無料炊き出し所を開設するよりもはるかに費用がかかる失業対策について、真剣に検討することはなかった。

ところが、一九三二年以降はすべてが逆になった。民主党が、連邦予算の収支に共和党ほど関心がなかったのかどうかは分からないが、アイゼンハワー大統領以下（もしかしたら財務長官のハンフリーだけは例外かもしれないが）、与党共和党の指導部は、もし景気が大きく後退するようなことがあれば、景気を回復させ失業者をなくすために、財政赤字が拡大しても迷わず減税やそれ以外の対策をとると繰り返し言い始めたのだ。これは、大恐慌前とはまったく違う政策である。

ちなみに、もしこの新しい政策が全般的に受け入れられなかったとしても、そのほかの変化が、時間は多少かかっても同じ効果をもたらすことになっただろう。累進所得税が導入されたのはウィルソン政権時（一九一〇年代）だったが、これが一九三〇年代になって経済に大きな影響を及ぼすようになったからだ。それまで連邦歳入の大きな割合を占めていたのは関税などの税収だった。これらは景気によって多少変動することはあっても、おおむね安定していた。しかし、今日では連邦歳入の八〇％を企業と個人の所得税が占めている。つまり、景気が急に悪化すると、連邦歳入も一緒に落ち込んでしまうのである。

この時期、さまざまな政策（農業保護のための価格維持や失業補償など）が法律化されていった。しかし、これらの法律は景気後退で連邦歳入が大幅に減ると、政府の支出を急増させるものだった。それに加えて、景気回復の決意の下、減税や公共事業の創出や、倒産寸前の会社への融資などが行われるため、本当に不況になれば、連邦赤字が毎年二五〇～三〇〇億ドルのペースで増えていくのは明らかだった。このような赤字はインフレを加速する。戦費拡大で戦後に物価が高騰したのと同じ構図だ。

これは仮に不況になっても、過去の大恐慌ほど長い期間にはならないということを意味している。ただ、そのあとには当然さらなるインフレが物価を全体的に押し上げることになり、過去にはそれで潤った業界と打撃を受けた業界があった。このような経済環境では、財務基盤が弱い会社や末端企業の株主にとって、景気循環の脅威がこれまで以上に大きくなる。しかし、これはしっかりとした財務基盤があるか、業績が悪化しても一～二年程度持ちこたえるだけの資金調達力がある成長企業の株主にとっては、市場価値が一時的に縮小するだけのことでしかない。つまり、今日の経済状況下で起こる景気後退は、一九三二年以前ならば考慮しなければならなかった投資先の存続を揺るがす根本的な脅威とはまったく違うということなのである。

金融におけるもうひとつの基本的な変化は、法制度と政府の役割だと私たちがみなす考え方に強く関連したインフレバイアスによってもたらされた。債券が平均的な個人投資家の長期の投資先として望ましくない資産になったのである。理由は、数年間続いてきた金利上昇が、一九五六年の秋に一気に加速したからだ。当時は、質の高い債券が二五年来の安値を付けており、金融界のあちらこちらで、歴史的高値の株式から債券への乗り換えを推奨する声が上がった。平均的な株式の配当に比べると、債券の利回りは異常に高く、この方針の健全性を大きく後押ししているように見えた。確かに、この方法は、短期的に見れば、いずれ利益が上がると思われる。そのため、これは中短期の投資としては――つまり、いつ買っていつ売るかのタイミングを判断する鋭さとセンスがある「トレーダー」にとっては――非常に魅力があった。いずれ景気が大きく後退すれば、金利はほぼ間違いなく下がり、株価が上がる可能性はほとんどなくても、債券価格は上昇するからだ。このことから、高格付けの債券は投機には良いが、長期投資には向かないということが分かる。これは、それまで言われてきたこととはまったく逆に見える。しかし、インフレの影響を理解すれば、こうなる理由は明らかだと思う。

ファースト・ナショナル・シティ・バンク・オブ・ニューヨーク（シティバンク）が、一九五六年一二月に発表した報告書のなかに、一九四六～一九五六の一〇年間で購買力が世界的に低下したことを示す表がある。この表には、自由世界の主要一六カ国が含まれており、各国のお金の価値は大きく下落していた。下げ幅は、最小だったスイスが一五％だったのに対して、最大だったチリは九五％も下落していた。アメリカの下げ幅は二九％で、カナダは三五％だった。これを年率に換算すると、この時期のお金の価値はアメリカで三・四％、カナダで四・二％下がったことになる。一方、この期間の初めに買ったアメリカ国債の利回りは二・一九％という低さだった。つまり、この種の高格付けの高い債券を保有していた人は、お金の本当の価値と比べれば、実際には年率一％以上のネガティブ金利（つまり損失）を被っていたことになる。

それでは、この期間の初めに主流だった低利率の債券を買う代わりに、その一〇年後に主流となっていた高利率の債券を買ったらどうなっていたのだろうか。シティバンクの報告書には、これに関する数字も載っている。ここでは一〇年後の米国債の利率を三・二七％と推定しているが、それでもこの投資は実質的に利益どころか若干の損失になっていた。実は、この報告書が出た半年後に、金利が急上昇して三・五％を超えた。もし試算期間の初めにこの四半世紀の最高利率で投資できたとしたら、どうなっていただろうか。残念ながら、それでもほとんどの場合、実質的なリターンを得ることはできず、むしろ、実質的な損失に終わった可能性が高い。それは、債券を買ってもほとんどの場合、受け取った利息に対して最低でも二〇％の所得税がかかるからだ。しかも、二〇％が適用されるのは、課税所得の最初の二〇〇〇～四〇〇〇ドルだけなので、たいていはそれ以上の税率がかかる。同様に、もし四半期最高利率で非課税の地方債を買ったとしても、非課税証券の低めの利率ならば、やはり実質的な利益を得るのは難しいと思われる。

もちろん、これらの数字は今回取り上げた一〇年間の結果でしかない。ただ、このようなことは世界中で起こり得ることであり、どこかの国で政変があったくらいで状況が変わることはない。長期投資先としての債券の魅力を考えるとき、重要なのはそれまでと同様のトレンドが将来も期待できるかどうかなのである。もしインフレの全体的なメカニズムを注意深く研究すれば、主要なインフレの増大は、マネタリーベースを拡大させる政府の巨額の赤字に起因する大規模な信用膨張から発生することは明らかである。第二次世界大戦に勝利したあとの巨額の赤字も、それが基となった。その結果、戦前から債券を保有し続けた人は、実質的に投資額の半分以上を失うことになったのである。

これまで述べてきたとおり、私たちの法制度と、私たちが不況時にすべきと信じていること（こちらのほうがより重要）から必然的に起こることは二つしかない。好景気が続いて優れた会社の株がずっと債券のリターンを上回るか、大不況が起こるかのどちらかだ。もし不況になれば、債券のリターンが一時的に最高の株を上回ることになるが、巨額の赤字を生み出す一連の政策が打ち出されると、それによって債券型の投資の実質的な購買力はより大きく下がることになる。不況がさらに大きなインフレを生み出すことは、ほぼ間違いない。このような不穏な時期の債券をいつ売るべきかの判断が極めて難しいことを考えると、私たちの複雑な経済のなかで、このタイプの証券への投資が向いているのは、主に銀行や保険会社などの支払い義務と相殺できる機関投資家か、短期の投資目的で買う個人だと私は考えるようになった。債券は、長期投資家にとって、購買力のさらなる低下を相殺するだけの十分な利益が見込めないのである。

話を進める前に、過去を研究し、投資の観点で過去と現在の主な違いを比較して見つけた投資のさまざまなヒントを簡単にまとめておこう。この研究から、投資で最大の報酬を得ることができる人は、売り上げと利益が長年にわたって同業他社をはるかに上回る数少ない会社を見つける運やセンスを持っているということが分かる。さらに言えば、このような会社を見つけたと思ったときは、それを長く持ち続けるべきだということも分かる。ちなみに、このような会社は必ずしも新しくて小さい会社でなくてもよいことを示す強力なヒントがある。大事なことは規模ではなく、経営陣がさらに大きな成長を遂げる決意と、それを達成する能力を持っているかどうかなのだ。過去の記録を調べてみると、成長する会社の多くが、経済価値の高い、関連性のある製品ラインを市場に送り出すために、自然科学のさまざまな分野の研究を計画的に進めていたことが分かる。このような会社の経営陣は、長期的な計画を見据えながら、日々の業務の課題も注意深く処理していくという明確な特徴を持っている。最後に、過去のデータは、二五年前や五〇年前にあったたくさんの素晴らしい投資チャンスを示すとともに、今日もきっとそれ以上のチャンスがあるという大きな安心を与えてくれている。

第2章 「周辺情報利用法」から分かること

これまで述べてきたことで、どのような投資先を探すべきかの概要は見えてきたかもしれない。しかし、これだけでは優れた会社を探すための実践的な指針にはならない。探すべき投資先の概要は分かっても、これから大きく値上がりする会社をどのようにして探せばよいのだろうか。

まず、理論的ではあっても明らかに実践的でない方法を見てみよう。これは、十分スキルを持った幅広い経営能力がある人に、会社組織の各部門を詳しく検証してもらうという方法だ。経営幹部、生産体制、販売体制、研究部門、それ以外の主要な部門を検証して、その会社が今後成長し、発展する可能性が高いかどうかを判断してもらうのである。

これは賢明な方法かもしれない。しかし残念ながら、平均的な投資家の役にはあまり立たない。理由はいくつかある。まず、このような検証ができる最高峰の経営スキルを持った人はあまりいない。もしいたとしても、彼らの多くは高給の経営トップとして多忙を極めている。彼らには、このようなことに費やす時間も意志もない。それに、もしその意志があったとしても、アメリカの真の成長企業が、社外の人間に、妥当な判断を下すために必要なデータをすべて提供するとは思えない。このようにして知り得た知識は、現在および将来の競合他社にとっても貴重であり、会社に何の責任も持たない人に渡すにはリスクが高すぎるからだ。

幸い、投資家が実践できる方法はほかにもある。これは、適切に行えば本当に素晴らしい投資先を探すのに必要なヒントを与えてくれる方法だ。ほかに良い名前が浮かばないので、これを「周辺情報利用法」と呼ぶことにする。

この手法の詳細はあとで詳しく説明するが、平均的な投資家は、この手法についてだいたい同じ反応をする。この「周辺情報利用法」がどれほど有益であっても、自分にはそれを使うチャンスがないから役には立たない、と言うのだ。多くの投資家が投資額から最大の利益を上げるためにすべきことをすべてできるわけではないことは、私にも分かっている。しかし、そうだとしても、何がなぜ必要なのかを十分理解しておくことは大事だと思う。そうすることでのみ、彼らは自分が最も必要とするタイプのプロの投資顧問を選ぶことができるからだ。そうすることでのみ、彼らは顧問の仕事ぶりを適切に評価できる。そのうえ、何ができるかだけでなく、どうすればできるかが分かれば、投資顧問がすでに行った価値ある作業を、さらに改善し、より多くの利益を上げることもできるかもしれない。

会社の「関係者の話」は、注目に値する。何らかの形である会社にかかわっている人の話を横断的に見ていくと、同じ業界の会社の相対的な強さや弱さが驚くほど正確に分かるからだ。ほとんどの人は、特に自分の発言が明かされないと分かれば、自分がかかわる分野の話をしたがるし、競合他社についても自由に話をする。同じ業界の五つの会社を訪ねて、それぞれに、ほかの四社の強さや弱さについて質問をすれば、九〇%くらいの確率で、五社すべての実情が驚くほど正確に浮かび上がってくるだろう。

ただ、競合企業の関係者は、情報源のひとつではあっても、最適な情報源とは限らない。また、出入りの業者や顧客からも、その会社の本当の資質について、思いがけないほど多くのことを学ぶことができる。大学や政府や競合企業の研究者も、価値あるデータを豊富に持っている。業界団体の幹部も同様だ。

業界団体（およびそれ以外の団体）の幹部に話を聞く場合、特に注意すべき点が二つある。ひとつは、質問をするときに、情報源がだれだということをけっして明かさないと確約すること、もうひとつは、それを厳守することだ。それをせずに、情報提供者がトラブルに巻き込まれるようなことになれば、批判的な意見は二度と聞けなくなるだろう。

掘り出し物かもしれない会社を探すときに、大きな助けになる人たちはほかにもいる。しかし、投資家が正しく判断し、情報の信頼性を確認するためにほかのさまざまな情報と照合しなければ、彼らの話は助けになるどころか害にもなりかねない。それとは、調べている会社の元社員だ。彼らの多くは、かつて勤めていた会社の強みや弱みについて、本物の内部情報を持っている。ただ、それと同じくらい大事なことは、彼らがたいてい自由な立場で話しているということである。なかには、事実かどうかはさておき、不当に解雇されたと感じている人や、何かに抗議して辞めた人がいる可能性もあるため、情報提供者が会社を辞めた理由も必ず調べておいたほうがよい。その人の会社への偏見の程度（もしあれば）を推測し、それを踏まえなければ、どこまで信じてよいのかを判断することはできない。

ある会社について、いろんなところから情報を集めても、それらの内容に整合性があるとは限らない。しかし、実はその必要はない。本当に素晴らしい会社ならば、その優位は明らかだからだ。あまり経験がない投資家でも、自分が何を探しているのかが分かっていれば、どの会社を投資候補として調べを進めるべきかどうかは分かる。次は、その会社の社員に会って、これまでの調査で見えてきた全体像で抜けている部分の情報を補っていけばよい。

第3章　何を買うべきか――株について調べるべき一五のポイント

二～三年の間に数倍になったり、さらに長期的にはそれ以上に値上がりしたりするような投資先を見つけるために、投資家はどのようなことを知っておくべきなのだろうか。言い換えれば、株主にこのような結果をもたらす可能性が最も高い会社は、どのような特性を持っているのだろうか。

私は、投資家がそれを知るためには、次の一五のポイントに注目すべきだと考えている。ちなみに、これらのポイントのうち数点は完全に満たさなくても、掘り出し物の可能性のある会社はある。しかし、多くが該当しなければ、私の定義する価値ある投資先ではない。これらのポイントのいくつかは会社の方針にかかわることで、それ以外はその方針がどれだけ効率的に実行されているかにかかわっている。また、これらのポイントは、主に社外からの情報で判断したほうがよいこともあれば、社内の人に直接聞いたほうがよいこともある。それでは一五のポイントを詳しく見ていこう。

ポイント一　その会社の製品やサービスには十分な市場があり、売り上げの大きな伸びが数年以上にわたって期待できるか

売り上げが横ばいか、むしろ下降している会社の株で、一時的に大きな利益を上げることは不可能ではない。例えば、コストをうまく管理して経済性を上げ、純利益が伸びた会社は、株価が上がるかもしれない。このような一時的な利益は、多くの投機家や割安株狙いの投資家の格好の標的になる。ただ、これは私たちのように投資資金から最大の利益を得たいと思う投資家が関心を持つほどの好機ではない。

ほかにも、かなりの利益を計上しているのに、私たちの投資対象にはならないような会社がある。状況が変わったことで、二〜三年だけ売り上げが増大し、そのあとは止まってしまうような会社だ。大規模な例としては、テレビが急速に普及した時期にテレビの販売を始めたラジオメーカーがある。これらの会社は数年間、売り上げが急増した。しかし、今日、アメリカで電気が引かれている家の九〇％にはテレビがあるため、売り上げは横ばいになっている。ちなみに、この業界の株で大きな利益を上げたのは、早い時期に買った人たちだけだった。その後、売り上げが横ばいになると、これらの株の魅力も横ばいになってしまったのである。

ただ、最も優れた成長企業でも、毎年の売り上げが必ず前年を上回るわけではない。別の章

で詳しく書くが、市場調査は非常に難しいうえ、新製品の売り上げは毎年少しずつ増えていくのではなく、断続的に急増する傾向がある。また、予想が難しい景気循環も、年ごとの業績比較に大きく影響する。そのため、成長は年間ベースで判断するのではなく、例えば数年を一単位として見ていく必要がある。そうすれば、次の数年だけでなく、そのあとの長い期間も通常以上の成長を続けていきそうな会社が見えてくるのだ。

一〇年単位で見ても素晴らしい成長を続けている会社は、二つのタイプに分けることができる。良い名前が浮かばないので、ここではある一社を「運も能力もある会社」、もう一社を「能力が運をもたらした会社」と呼ぶことにする。どちらにも、経営陣の高い能力が不可欠だ。運だけで、長い年月にわたって成長を維持できる会社はない。成長を続けるためには、高い経営力を維持していかなければ、せっかくの幸運を生かすことも、他社の進出を食い止めて競争力を維持することもできない。

「運も能力もある会社」の好例がアルミニウム・カンパニー・オブ・アメリカ（アルコア）である。この会社の創業者たちには、将来を見通す素晴らしい能力があった。彼らは、自社の新製品には商業的に重要な用途があると正しく見通していたのだ。しかし当時は、彼らもそれ以外のだれも、それから七〇年にわたってアルミニウム製品の市場がここまで拡大するとは予想していなかった。アルコアは、技術の発展と経済成長が組み合わさった環境で、それをもたらした人たちよりもはるかに大きな恩恵を受けたのである。この会社は、これまでも、これからも高い経営力を発揮して、この環境を利用していくだろう。しかし、もしビジネス環境（例えば空輸網の整備）が、この会社のまったく支配が及ばないところで新しい大きな市場形成に影響を及ぼさなければ、この会社の成長率はそこまで高くはならなかったのかもしれない。

アルコアにとって、初期の経営陣が目を付けた業界が、想定をはるかに上回る魅力ある業界に発展したことは幸運だった。そして、初期の株主の多くがこの株を保有し続けて大きな富を築いたことはよく知られている。ただ、比較的遅く買った人を含めた株主がどれくらい儲かったかはあまり知られていないと思う。本書の初版を執筆した当時、アルコアの株価は、史上最高値を付けた一九五六年の水準から四〇％近く下落していた。ただ、この「安値」でさえ、一九四七年の平均的な株価（安値ではなく）から約一〇年で、約五〇〇％も上昇していたのである。

次に、成長株の二つ目のタイプである「能力が運をもたらした会社」の好例として、デュポンを見ていこう。デュポンと言えば、ナイロンやセロファン、ルーサイト、ネオプレン、オーロン、マイラーなど、みんなが思い浮かべる数多くの魅力的な製品を製造し、投資家に驚くほどの利益をもたらしてきた実績を持つ会社である。ただ、最初からこれらの製品を作っていたわけではない。実は、創業からかなり長い期間、発破用火薬を製造していたのだ。この会社の平時の成長率は、鉱業のそれとあまり変わらなかった。もしかしたら、近年は道路建設による売り上げの増加で、成長速度が上がっていたかもしれない。ただ、そうだったとしても、現在の売り上げと比べたら雲泥の差がある。この会社は、素晴らしい経営判断と財務判断が素晴らしい技術力と組み合わさって、今では毎年二〇億ドルを超える売り上げを達成している。デュポンは、創業当時の火薬事業で学んだスキルと知識を応用して次々と製品を開発し、成功を重ねた。その結果、アメリカ産業界における偉大なサクセスストーリーの一社となったのである。

投資を始めたばかりの人が初めて化学業界を見たときに、さまざまな経営要素の評価が最も高い会社は、業界で最も成長力がある魅力的な製品を作っていることが多いのを、幸運な偶然と思うかもしれない。しかし、そう考える人は、原因と結果を誤解している。これは、世間知らずの若い女性が初めてヨーロッパに行って、どの大都市の中心部にも「偶然」大きな川があると思うのと同じようなことだ。デュポンやダウやユニオン・カーバイドなどの歴史を調べれば、「能力が運をもたらした」ので売り上げが伸びたことは明らかである。

「能力が運をもたらした会社」の最も顕著な例の一社は、ゼネラル・アメリカン・トランスポテーションかもしれない。五〇年あまり前にこの会社が設立されたとき、鉄道車両の製造は大きな成長が期待できそうな業種に思えた。近年、こうした継続的な成長が見込める会社はあまり見つからない。しかし、鉄道会社の将来が懸念され始めると、関連業種の魅力も下がっていった。しかし、この会社は素晴らしい創意工夫と豊富な資金力で、収益を安定的に上昇させてきた。経営陣は現状に満足することなく、それまでに学んだ経営のスキルと知識を用いて、それまでとは関連のない分野にも進出し、さらなる成長の可能性を示したのである。

「運も能力もある会社」でも、「能力が運をもたらした会社」でも、これから何年間も売り上げが急上昇しそうな会社は、投資家にとって掘り出し物になる可能性がある。いずれにしても、ゼネラル・アメリカン・トランスポテーションのような例には、ひとつ明らかなことがある。どちらのタイプの会社でも、最高の能力を持った経営陣が現在も将来も存在することを、投資家は常に確認しておく必要があるということだ。そうでなければ、売り上げの伸びを維持することはできない。

投資家にとって、調べている会社の長期的な売り上げ曲線を正しく判断することは極めて重要である。ここで手を抜けば、間違った結論に至る。例えば、前述のラジオ・テレビメーカーの株が上昇した理由は、長期的な成長の一環としてではなく、アメリカの家庭がテレビを買い始めた時期に一時的に売り上げが急上昇したからだ、ということはすでに書いた。それでも、近年、これらのラジオ・テレビメーカーは、間違いなく新しいトレンドを形成している。彼らはその電気技術を利用して、通信機器や自動化装置など、ほかの電気製品の分野に大きな事業を展開し始めているのである。工業用や一部の軍事用の電気製品ラインは、これから何年間も安定的な成長が期待できる。このなかのいくつかの会社、例えばモトローラは、テレビよりもはるかに重要な事業をすでに展開している。もしかしたら、新たな技術開発によって、現在のテレビも一九六〇年代初めごろには、昔のクランクハンドルを回して掛けていた壁掛け式電話のように、時代遅れで扱いにくいものになっているのかもしれない。

そのひとつの可能性がカラーテレビの登場だが、これについての一般の期待度は低すぎるように思う。もうひとつは、トランジスターとプリント回路の開発によって可能になったスクリーン型テレビだ。これまでとは大きさも形も違うテレビの登場によって、現在のようなかさばるキャビネット型のテレビは、いずれ過去の遺物になるのかもしれない。このような製品が大量生産されるようになれば、既存のテレビメーカーのうち、技術力の高い何社かは、数年前に経験したよりも長期にわたる大きな売り上げ増加が可能かもしれない。このような会社は、安定的に成長している産業用や軍事用の電子機器事業と合わせて売り上げを急増させていくだろう。最も利益率が高い投資を望む人は、まずこのような売り上げの急増に注目すべきである。

これらの例は、それが必ず起こるというよりも、むしろ簡単に起こる可能性があることとして考えてみてほしい。会社の将来の売り上げ曲線については、必ず覚えておくべきポイントがある。もし経営陣が優秀で、技術的な変化や研究開発の影響を受ける業界ならば、賢明な投資家は優れた投資先を選ぶ最初のステップとして、経営陣が将来同じような売り上げ曲線を生み出す会社運営ができるかどうかを常に注視しておく必要がある。

本書の初版にはこのように書いたが、モトローラに関して興味深いのは、「必ず起こる」ことでも「起こるかもしれない」ことでもなく、「実際に起こった」ことだった。私が、早ければ一九五〇年代のブラウン管型のテレビが廃れるかもしれないと予想した一九六〇年代初めにはまだそうなっていないが、ブラウン管型のテレビはまだ廃れていないし、近い将来そうなるとも思えない。ただ、前述のとおり、優れた投資先を探すためにはまず、警戒を怠らない経営陣がその間の技術変化を利用して売り上げの上昇曲線を産み出すために何をしてきたか、ということに注目する必要がある。

モトローラは、パトカーやタクシー用の通信機器からスタートした無線通信の分野を牽引する優れた企業に成長し、今や無限の成長を思わせるまでになっている。同社が製造する多目的機器のユーザーは多岐にわたり、トラック運送会社やさまざまな配送会社のオーナー、公共事業、大規模な建設プロジェクト、パイプライン会社などはそのほんの一部だ。また、数年間、高い開発費をかけてきた半導体（トランジスター）部門を採算に乗せ、この業界の素晴らしい成長トレンドの一角を狙えるようになっている。さらには、ステレオ式蓄音機という新分野で、重要かつ成長が見込める新たな収益源も手に入れた。ほかにも、国内トップの家具メーカーであるドレクセルとの独自の提携によって、高価格帯のテレビの売り上げも大きく上昇した。最後に、小さな企業を買収して補聴器業界に参入し、さらに新たな専門分野を開拓していくかもしれない。次の一〇年以内に、何らかの重要な変革がラジオ・テレビの分野に再び大きな動きをもたらすかもしれないが、それはまだ起こっていないし、近いうちにもなさそうだ。しかし、経営陣は社内の人材とスキルを活用して、再びこの会社を成長軌道に乗せようとしている。株式市場はそれに反応しているだろうか。私が本書の初版を書き終えたとき、モトローラは四五・五ドルだった。それが今日では一二二ドルになっている。

投資家がこのようなチャンスに気をつけていれば、どれほどの利益が上がるのだろうか。これまで見てきた業界の実例を見てみよう。一九四七年に、ウォール街で働く私の友人が初期のテレビ業界に関する調査を行った。彼は、一年近くかけて主なメーカーを一二社ほど調べた。そして、この事業は競争が激しくなり、トップ企業が大きく入れ替わるだけでなく、いくつかの株は投機的な魅力があるという結論に達した。友人はこの調査をするなかで、この業界で最も不足している部品のひとつがブラウン管用の管球ガラスだということに気づいた。そこで、この分野で最も成功しているコーニング・グラス・ワークスの技術力と研究力について調べてみると、この会社にはテレビ業界用の管球ガラスを製造するための条件が十分備わっていることが分かった。市場規模を考えれば、この会社にとって大きな新規事業になる。ほかの製品ラインも全般的に好調だったため、友人のアナリストはコーニングの株を個人と機関投資家の両方に勧めた。当時の株価は約二〇ドルで、そのあと二・五対一の株式分割が行われた。買いの推奨から一〇年で、コーニングの株価は一〇〇ドルを超え、分割前の価格に換算すれば二五〇ドルになっている。

ポイント二　その会社の経営陣は現在魅力のある製品ラインの成長性が衰えても、引き続き製品開発や製造過程改善を行って、可能なかぎり売り上げを増やしていく決意を持っているか

既存の製品ラインに新たな需要が出てきたため、次の何年か大きく成長する可能性を持った会社でも、そのあとの開発について方針も計画もなければ、株主にとっては一時的な大きい利益チャンスでしかない。彼らは、一〇年とか二五年などに及ぶ継続的な利益を上げて財務的に成功するための手段を講じていないということだ。しかし、このような段階にこそ、科学的な研究開発を始めておくべきなのである。それによって、会社は古い製品を改善し、新たな製品を開発できるからだ。一回の売り上げ急増だけでは満足しない経営陣は、このようにして断続的に売り上げの急増を重ね、会社を成長させていくのである。

投資家が最高の投資結果を得られる会社は、たいてい研究開発力の多くを既存の製品の関連分野に投じている。ただ、それは望ましい会社が関連のない複数の製品ラインを持っていないということではない。木立の木々がそれぞれの幹から枝葉を伸ばしていくように、製品部門を支える研究開発部門がそれぞれ関連製品を開発していくほうが、関連のない製品をバラバラに開発するよりも――仮にそれがうまくいって複数の新たな業種に進出したとしても――、はる

かにうまくいく場合が多いということだ。

ポイント二は一見、ポイント一の繰り返しのように思えるかもしれないが、そうではない。ポイント一は事実で、既存の製品の売り上げについて、潜在的な成長力を評価している。一方、ポイント二は、経営者の姿勢を示している。経営陣が、現状のままではほぼ間違いなく現在の市場での成長が限界に達するため、成長を維持するにはいずれ新たな市場を開拓しなければならないことを認識しているかどうかということだ。ポイント一の評価が高く、ポイント二も前向きな姿勢が見られれば、その会社は最高の投資先になる可能性がある。

ポイント三　その会社は規模と比較して効率的な研究開発を行っているか

民間企業が毎年、どれくらいの研究開発費を使っているかは、たいてい比較的簡単に分かる。ほとんどの会社が年間売り上げを公表しているため、研究開発費をその数字で割れば、売り上げに対する研究開発費の割合が分かるからだ。プロの投資アナリストの多くは、この割合を同業他社と比較している。なかには、同規模の会社の業界平均を算出してそれと比較する人もいる。そうすれば、同業他社と比較した研究努力や一株当たりの研究費の割合が分かるからだ。

この種の値は、研究費のおおまかな目安とともに、ある会社が異常な額の研究費を使っているとか、別のある会社は研究費のかけ方がまったく十分でないなどといった価値あるヒントを与えてくれる。ただし、このような値は、さらに詳しく調べなければ誤解を招くこともある。その理由は、会社によって、研究開発費に何を含め、何を含めないかがかなり違うからだ。例えば、技術コストの一部を研究費に含めている会社もあるが、当局ではほとんどの場合、これを純粋な研究費とは認めていない。既存の製品を特定の注文に調整しているだけのいわゆるセールスエンジニアリングだからだ。その一方で、まったく新しい製品の試作費用を、研究費ではなく経費として計上している会社もある。しかし、これは新製品製造のノウハウを得るための費用なので、ほとんどの専門家は純粋な研究費として分類している。もしすべての会社が比較可能な形で研究費を計上すれば、有名企業の研究費は、金融関係者が把握している数値とはかなり違ったものになるかもしれない。

会社の主な活動のなかで、何が経費で、何が研究成果かの仕訳の仕方ほど会社ごとに方針が違うことはない。しっかりとした経営が行われている会社で比較しても、その差は倍近くになることがある。つまり、研究費一ドル当たりの利益が他社の二倍近い会社もあるということだ。もし平均的な経営が行われている会社も含めれば、研究成果の差はそれ以上になるだろう。その主な理由は、今や新製品の開発が一人の天才によってできるものではなくなったことにある。近年、新製品の開発は、高度な訓練を受けたさまざまな専門家がチームで行っている。例えば、科学者と固体物理学者と治金学者と数学者がチームで開発を行っていたりする。ただ、素晴らしい結果を出すのに必要なのは、各専門家の能力だけではない。さまざまな経歴の人たちの役割を調整し、共通の目標に向かわせるリーダーも必要だ。そう考えると、大事なのは研究員の数や評判よりも、チームとして研究成果を上げられるかどうかということなのかもしれない。

ただ、研究開発で最高の結果を出すために必要なのは、多様な技術力を持った人たちを結束の強いチームにまとめ、それぞれの専門家が最高の生産性を発揮できるような刺激を与えていく調整力だけではない。開発プロジェクトの研究員と生産や販売の問題点を熟知した人たちが、綿密かつ細かく連携していくことも同じくらい重要だ。研究と生産と販売にかかわる人たちの緊密な関係を作り上げるのは、経営者にとって容易なことではない。しかし、それができていなければ、完成した新製品は生産コストが高すぎたり、顧客にとって魅力的な製品でなかったりしかねない。それでは、より効果的な競合製品が出てきたら市場を奪われることになる。

最後に、研究開発費を最も効率的に活用するためには、もうひとつ調整が必要なことがある。それが経営トップとの調整だ。別の言い方をすれば、経営陣が商業的な研究開発の本質を理解しているかどうかだ。開発プロジェクトは、業績が良いときに拡大したり、悪いときに縮小したりしていれば、結局はコストがかさむことになる。また、経営トップの何人かが優先させたい「緊急」課題にも注意が必要だ。それも大事なのかもしれないが、あるプロジェクトに長くかかわってきた主要メンバーを急に引き抜いてその「緊急」課題に取り組ませても、実は元のプロジェクトを中断するほどの価値はなかったというケースがよくある。商業的な研究における成功の秘訣はただひとつ、研究費の何倍もの利益が見込めるテーマを選ぶことだ。しかし、プロジェクトが始まると、プロジェクトとは関係のない外部要因の影響で予算は膨れ上がり、そのメリットに対する総コストは上昇することになる。

しかし、なかにはそれが分かっていない経営トップもいる。小さくても成功している電機メーカーの幹部と話をしたときに、彼が業界大手のある会社をまったく恐れていないことに驚いたことがある。彼らが、自社よりもはるかに大きいその会社の製品開発力を恐れていないのは、大企業の研究者の個人的な能力に敬意を払っていないからでも、大企業が継続的に支出している巨額な研究費でできることに気づいていないからでもない。そうではなく、その大企業の経営トップは、目先の目標を達成するために、緊急課題があるとすぐに開発プロジェクトを中断するという傾向が歴史的にあったからだ。似たような話は、何年か前にも耳にした。もちろんこれは公表されていることではないが、ある優れた技術系大学が学生たちに特定の石油会社への就職を避けるよう内緒で助言していたというのである。それは、この会社の経営トップが通常五年かかるプロジェクトのために技術力の高い人材を採用しても、三年でそのプロジェクトへの関心を失い、中止するような会社だったからだ。これは資金を無駄にしているだけでなく、研究員が研究成果によって得ることができたはずの評価も奪ってしまっているのである。

研究部門に関する投資評価をさらに複雑にするもうひとつの要素が、軍事関連の研究開発だ。このような研究の多くは、その会社の経費ではなく、連邦政府の経費で賄われる。同様に、下請け会社が発注会社の経費でかなりの研究を行っている場合もある。このようなとき、投資家はその総額を自社で負担した分と合わせて評価すべきなのだろうか。もしそうでなければ、自社で負担する研究と比較して、どのように評価すればよいのだろうか。投資のさまざまな局面であることとだが、このような問題は数学の公式を当てはめて答えが出るものではない。ケースごとに状況が違うのである。

防衛関係の契約は、民間企業との取引よりも利益率が低いうえ、新兵器にかかわる契約は政府の構想に基づいて厳しい入札で決定される。つまり、政府予算で行った研究開発は、安定的に受注できるビジネスではないということだ。ちなみに、自己資金で研究開発を行えば、特許も顧客との信頼関係も、そのあと繰り返し活用できる。もちろん国防に貢献するという意味ではどのプロジェクトも重要だが、投資家にとって政府が出資する研究プロジェクトの経済的価値は千差万別と言わざるを得ない。次の架空の例を見れば、投資家にとって三つのプロジェクトの価値がまったく違うことが分かると思う。

一つ目は、軍事用以外の用途がない強力な新兵器を生産するプロジェクトだ。この兵器に関するすべての権利は政府に帰属するうえ、一度開発されてしまえば、ある程度簡単に製造できるため、開発した会社が製造入札において他社よりも有利になる点はない。このような研究努力は、投資家にとってはほとんど価値がない。

次のプロジェクトは、同じ兵器の製造でも、製造技術がある程度複雑で、開発段階で参加していなかった会社が製造するのは非常に難しいとする。このような研究プロジェクトは、投資家にとってある程度の価値がある。おそらく利益率はあまり高くはないだろうが、政府との継続的な取引が期待できるからだ。

三つ目の会社は、兵器を設計したことで、その原理を学び、新しい技術を通常の商業ラインに応用して利益を上げることができるとする。このような研究プロジェクトは、投資家にとって大きな価値がある。近年、最も素晴らしい成功を収めた会社のなかには、複雑で高い技術が求められる防衛関係の取引を見つける優れた才能があり、それを請け負うことで政府の経費で得たノウハウを合法的に防衛以外の利益率が高い既存の商業分野に応用したところもある。このような会社は、防衛当局がどうしても欲しい研究結果を提供すると同時に、そこで得た防衛以外の研究成果をほとんど（あるいはまったく）経費をかけずに手に入れている。これは、もし政府の案件がなくても、彼らが自費で研究していたであろう技術だ。テキサス・インスツルメンツへの投資が大成功した理由のひとつには、このような要素もあったと思う。テキサス・インスツルメンツは、一九五三年にＮＹＳＥ（ニューヨーク証券取引所）に上場したときの五・二五ドルから四年で五〇〇％近く上昇した。ちなみに、同じ年に上場したアンペックスは、同じ期間にテキサス・インスツルメンツを上回る七〇〇％も上昇した。

最後に、会社の研究組織の相対的な投資価値を判断するために、評価すべき活動がもうひとつある。これは、通常は研究開発とはまったくみなされない市場調査という分野だ。市場調査は、研究開発と販売の橋渡しと言ってよいだろう。経営トップは、完成しても市場が小さすぎて利益が出ない製品の研究開発に巨額の資金を投じていないかどうか、常に警戒しておく必要がある。利益が出ないというのは、研究開発費を回収するだけの売り上げが期待できないということで、投資家にとっても価値はない。市場調査部門が大がかりな調査を行うことで、技術的に成功してもほとんど採算が取れないプロジェクトと、幅広い市場に提供できて開発費の三倍の利益を上げるプロジェクトを見極めることができれば、株主にとってはその会社の研究員の価値を大きく押し上げることになる。

量的な基準（年間の研究費や理系の学位を修得している社員の数など）もおおまかな目安にはなるが、それだけで優れた研究組織を持っていることにはならない。それならば、注意深い投資家はどのようにしてこの情報を得ているのだろうか。ここで、「周辺情報」が驚くほどの効果を発揮する。平均的な投資家でも、その会社の研究開発について、さまざまな分野の研究員（社内や競合する業界で関連のある仕事をしている人たち）や、大学や政府などの関係者などに賢い質問をすれば、信じられないほどはっきりとした全体像が浮かび上がってくる。また、もっと簡単で、たいてい役に立つのが、一定期間において（例えば一〇年間）、研究開発がどれだけ売り上げや純利益に貢献したかを詳しく調べるという方法だ。研究部門がその活動規模と比較して、一定期間に利益率が高い新製品を数多く生み出しているのならば、同じような運営を続けるかぎり将来の生産性も高くなると考えられる。

ポイント四　その会社には平均以上の販売体制があるか

この競争時代に販売を専門にした部門の人たちがいなければ、製品やサービスは最高の売り上げを計上することはできない。ビジネスにおける最も基本的な活動は売ることなのである。売ることができなければ、会社は生き残ることができない。満足した顧客に繰り返し買ってもらえるようになることが、成功の最初のベンチマークなのである。ところが、多くの注意深い投資家でさえ、販売や広告、物流といった部門が経営に与える影響に、生産、研究開発、財務などの主要部門ほど注目していない。

それにはおそらく理由がある。生産コストや研究費、そして財務構造などは、比較的簡単な比率などを使って競合他社と比較することができるからだ。しかし、販売効率や物流効率は、意味がありそうに見える比率でさえなかなか見つからない。研究部門については、すでに見たとおり、簡単な比率ではせいぜい見込みがある会社かどうかくらいのことしか分からない。生産体制や財務構造と比較した研究部門の価値については、このあと説明する。ただ、これらの比率が金融界で頻繁に使われる価値があるかどうかは別として、投資家がそれに頼りたがっているのは事実だ。販売努力はこのような公式で表すことができないため、本当の投資価値を判断するうえで基本となる重要な部門であるにもかかわらず、多くの投資家はこれを評価できな

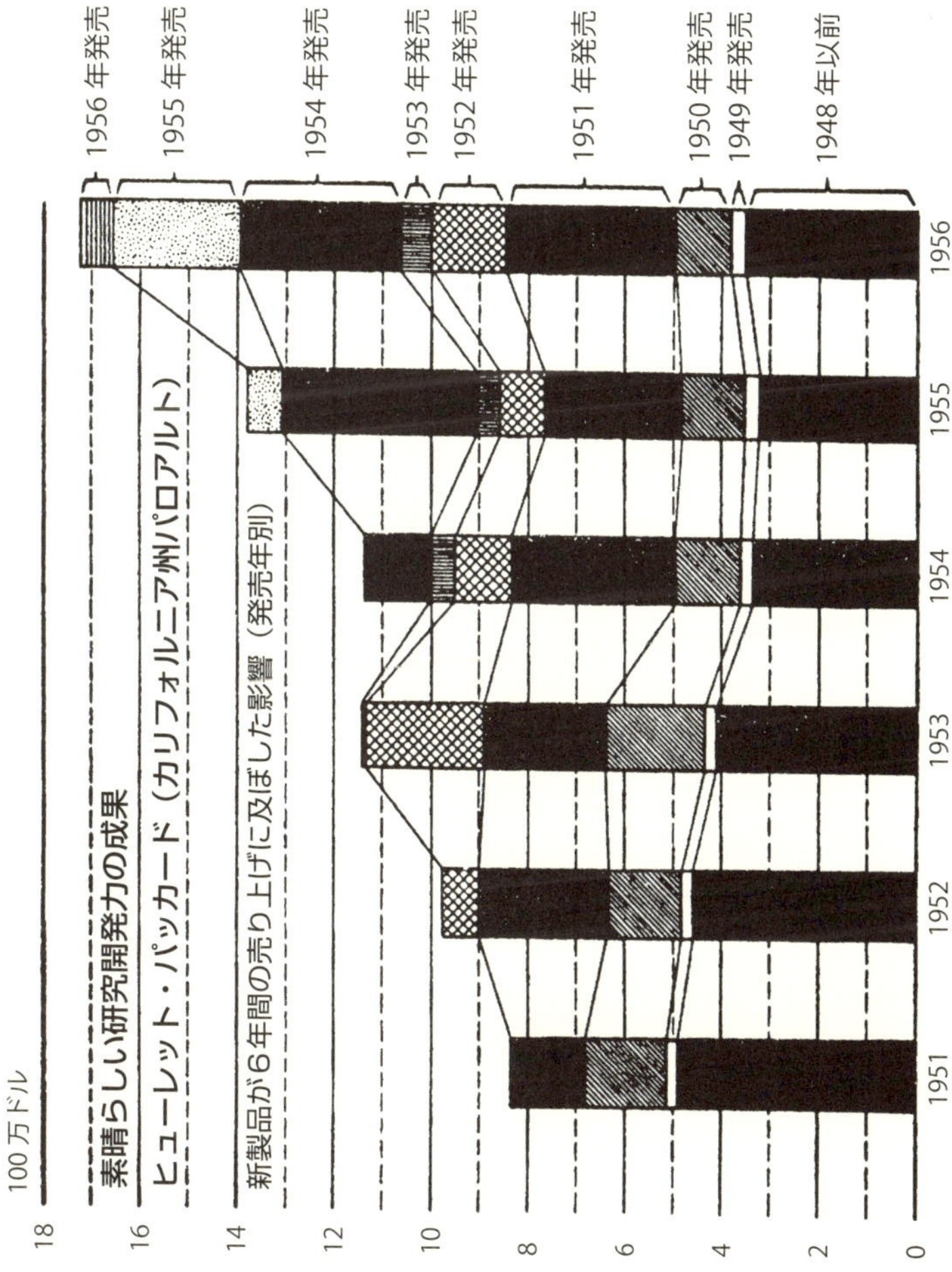
素晴らしい研究開発力の成果
ヒューレット・パッカード（カリフォルニア州パロアルト）
新製品が6年間の売り上げに及ぼした影響（発売年別）
100万ドル
18
16
14
12
10
8
6
4
2
0
1951
1952
1953
1954
1955
1956
1956 年発売
1955 年発売
1954 年発売
1953 年発売
1952 年発売
1951 年発売
1950 年発売
1949 年発売
1948 年以前

いでいるのである。

しかし、このジレンマも「周辺情報」を利用すれば解決できる。会社が行っているすべての活動のなかで、社外で最も情報を得やすいことと言えば、販売組織の効率性しかない。競合他社も顧客もその答えを知っている。そして、もう一つ大事なことは、彼らがほとんど躊躇なくその評価を語ってくれることだ。注意深く質問をした投資家は、それにかけた時間を十分に上回る成果が得られるだろう。

相対的な販売力に関しては、相対的な研究開発力ほどこの本でスペースを割いていない。しかし、それは販売力の重要性が低いということではない。今日のような競争の激しい世界では、会社の成功にとって重要なことがたくさんある。しかし、主なものを挙げるとすれば、①優れた生産力、②販売力、③研究力――の三つだろう。ただ、そのどれかがほかよりも重要だと言うのは、心臓と肺と消化器官のどれかひとつが体を機能させるために最も大事だと言うようなことと同じようなことだ。生きるためにはどれも必要だし、すべてがうまく機能していなければ元気に過ごすことはできない。あなたの周りにある素晴らしい投資先だと実証されている会社について考えてみてほしい。そのなかに、積極的な物流部門と改善努力を怠らない販売体制を持っていない会社があるだろうか。

ダウ・ケミカルについてはすでに書いたが、長年にわたって株主に恩恵をもたらしてきた実績があるこの会社は、保守的な長期投資先として理想的な例だと思うので、このあと取り上げる。ダウ・ケミカルが優れた研究部門を持つ会社だということはみんな知っている。しかし、この会社が研究部門の科学者を採用して訓練するのと同じ姿勢で、販売部門の人材をそろえていることはあまり知られていない。大学を出たばかりの若者はダウのセールスマンになる前に、本社があるミシガン州ミッドランドに何回も行かされ、同社の販売部門で活動するだけの知識と気質があるかどうかを、会社も本人もできるかぎり確認する。そのうえで、二～三週間から時には一年以上に及ぶ特別訓練を受けて、さらに複雑な販売活動もできるように準備を整えて、初めて顧客の前に立つことができるのである。しかし、これは訓練の始まりでしかない。この会社の最も素晴らしい点のひとつは、さらに効率的な方法で顧客を勧誘し、サービスや製品を届けるための方法を常に模索し、実行していることなのである。

それでは、販売と物流に大いに注目しているのは、ダウやそのほかの優れた化学会社だけなのだろうか。そうではない。別のまったく違う業界に属するＩＢＭも、これまで株主に、控えめに見てもかなりの恩恵を与えてきた。最近、ＩＢＭの幹部に聞いたところによれば、同社の平均的なセールスマンは、勤務時間の三分の一を会社が運営する学校での訓練に充てているという。この驚くべき割合は、販売部隊が急速な技術の発展に遅れないようにするための努力を表している。このことは、成功している会社の多くが販売部隊を向上させるための努力を常に行っているというさらなる証拠と言ってよいだろう。生産力や研究力によって何か価値のあるものを生み出せば、強力な物流網がなくても一時的に大きな利益を上げることはできる。しかし、そのような会社の生存可能性は大きいとは言えない。長期間、安定的に成長していくためには、強力な販売部隊が不可欠なのである。

ポイント五　その会社は高い利益率を得ているか

ここでやっと、金融界の多くの人たちが堅実な投資判断の根幹だと思っているある種の数理解析という重要な話題が出てきた。投資家の立場から言えば、売り上げは利益の増加につながって初めて価値がある。どれだけ売り上げが伸びても、それに伴って利益が増えなければ正しい投資先にはならない。利益を検証するためには、まずその会社の利益率を調べる必要がある。つまり、一ドルの売り上げに対して、何セントが営業利益になるかということだ。利益率を調べると、たとえ同じ業界でも会社によってかなりの幅があることがすぐに分かる。また、このような比較は単年ではなく、複数年にわたって行う必要がある。そうすると、業界が非常に好調な年は、ほとんどの会社の利益率（および利益額）が高くなることも分かる。そしてよく見ると、好調な年の利益率の伸びは、業界の末端企業（つまり利益率が低い会社）のほうが上位企業（利益率が高い会社）よりもかなり大きいということも分かる。これによって、非常に好調な年の末端企業の収益の伸び率は、同じ業界の上位企業のそれよりもかなり大きくなる。しかし、潮目が変われば、収益は急速に上位企業よりも下がることも覚えておいてほしい。

そのため、末端企業に投資しても長期的に最高の利益を上げることはできないと、私は考えている。このような会社への長期投資を考えることがあるとすれば、その会社のファンダメンタルズが変化していることを強く示唆している場合くらいだろう。これは、一時的な売り上げの伸び以外の理由で利益率が改善しているということだ。つまり、その会社を買うとすれば、それは効率性の改善や新製品の開発によって、文字どおり末端企業を卒業するような場合だ。もしほかの部分では長期投資の資質を備えている会社で、このような内部変化が起こっているときは非常に魅力的な買い物になるかもしれない。

歴史のある大手企業のなかで、大きな投資利益をもたらしてきた会社を見ると、どれも利益率が比較的高い会社だった。このような会社は、たいていその業界で最も高い利益率を誇っている。しかし、歴史の浅い会社や一部の古い会社のなかには、この原則に当てはまらないケースもある。ただし、当てはまらないとは言っても、実はそう見えるだけだ。これは、利益の全部またはほとんどを、研究費やさらなる販売促進に使って、意図的に成長を加速させようとしている会社だ。ただ、ここで大事なのは、利益率が低い（またはない）本当の理由、つまり現在投じている資金が未来を築くための研究や販売促進やそれ以外の活動に間違いなく使われているのかどうかを、確認することなのである。

また、利益率を下げてまで投入した資金が成長率を上げるためということのみならず、研究や販売促進などに実際どれだけ使われているかということも、注意深く確認しておかなければならない。そして、本当に研究を続けている会社ならば、見た目の利益率は低くても、非常に魅力的な投資先なのかもしれない。長期的に最高の投資利益を得たいならば、このように将来の成長を見据えて意図的に利益率を下げている会社でないかぎり、利益率が低い会社や末端企業は避けるべきだろう。

ポイント六　その会社は利益率を維持し、向上させるために何をしているか

株は、買う時点でその会社について一般的に知られていることが勝敗を分けるわけではない。むしろ、買ったあとに何が分かるかなのだ。つまり、投資家にとって大事なのは過去ではなく、将来の利益率なのである。

今の時代、利益率をいつまでも維持できるとは限らない。人件費は毎年上昇する。現在、多くの会社では雇用期間が長期化しているため、数年後には再び賃上げ要求があるだろう。そして、人件費が上昇すれば、原料や資材の価格上昇につながる。税率、特に不動産税や地方税も着実に上がっている。このような状況においては、会社によって利益率の変化の傾向が違ってくる。なかには、値上げによって利益率を維持できる幸運な立場にある会社もある。例えば、製品の需要が非常に大きい場合や、競合製品がより大幅に値上げした場合などだ。しかし、今

日の経済では、このような理由で利益率を維持したり改善したりしても、それはたいてい短期的な効果しかない。いずれ生産設備を増設して、競争力を高める会社が出てくるからだ。しかし、この新しい設備には増益分を上回るコストがかかり、その増加分はいずれ価格に転嫁できなくなる。そうなると、利益率は下がり始める。

その好例が、一九五六年秋にアルミニウム市場で起こった激しい変化だ。アルミニウムが供給不足の状態からほんの二～三週間で、激しい価格下落状態に急変したのである。それまでアルミニウムの価格はコストに合わせて変動していた。製品需要が生産力を急速に上回らないかぎり、価格が急激に上昇することはないはずだった。同様に、大手鉄鋼メーカーの一部が不足しがちな鉄鋼製品の値上げを「市場が耐えられるまで」渋ってきたことは、コスト増を価格に転嫁しても高い利益率を維持することはできないという長期的な考えに基づいていたのである。

この長期的に見て危険な出来事が、同じ一九五六年の後半に大手の産銅会社で起こった。これらの会社は、それまで価格の高騰を抑えるために、時には世界相場を下回っても値上げを自重してきた。それでも銅価格は上昇し、それが需要の減退と新たな供給をもたらした。そこに、スエズ運河の閉鎖が起こって西ヨーロッパの消費が減ると、需給バランスが非常に悪化した。ちなみに、もし一九五六年の利益率がそこまで高くなっていなければ、一九五七年の利益率もそこまで悪化しなかっただろう。業界全体の利益率が度重なる値上げで上がっていることは、必ずしも長期投資家にとってはあまり良い兆候ではないのである。

その一方で、一部の会社（これまで出てきた業界の会社もある）は、値上げよりもはるかに巧妙な方法で利益率を高めてきた。そのなかには、設備の改良や社内の効率化を担う部門を活用することで、大きな成功を収めてきた会社もある。これらの部門は、コスト削減につながる新しい機器を設計することで、上昇する人件費の一部を相殺する役割を担っている。多くの会社は手順や手法を常に見直して、経済性を追求している。特に、会計や記録の処理方法の見直しは大きな効果をもたらしている。物流部門もそうだ。物流は製造よりも人件費の割合が高いため、物流コストはほかの経費よりも大きく上昇していたからだ。そこで、注意を怠らない会社は、新しいタイプのコンテナを使うそれまでとは違う輸送方法を採用したり、相互輸送を避けるために分工場を設置したりしてコストを削減してきたのである。

これらのことは、どれも一日でできることではない。すべては綿密な調査と、相当な事前計画が必要だ。投資を検討している人は、その会社がコストを削減し、利益率を高める新しいアイデアを生み出すための創意工夫に注目すべきだ。そして、そこでも「周辺情報」から分かることはある。ただ、この場合は社内の人に直接聞くのが最もよいだろう。幸い、これはほとんどの経営トップが詳細に語ってくれる分野である。このような試みで成功している会社は、将来も、建設的な努力を継続していくノウハウを持った組織が構築されている可能性が高いと考えられる。つまり、このような会社は、株主に最大の長期利益をもたらす可能性も極めて高いと言ってよいだろう。

ポイント七　その会社の労使関係は良好か

投資家の多くは、良好な労使関係がもたらすメリットをあまりよく理解していない。しかし、険悪な労使関係がもたらす悪影響には多くの人が気づいている。長いストライキが頻繁に起これば、それが生産に与える影響は財務諸表に現れるからだ。

良好な労使関係を維持している会社と、労使関係があまり良くない会社の利益率の差は、ストライキの直接的なコストよりもはるかに大きくなる。労働者が公平な扱いを受けていると感じていることは、効率的な指導によって各労働者の生産性を上げるための下地となる。それに、新しい労働者を訓練するには、かなりのコストがかかる。労働者の転職率が異常に高い会社は、うまく管理している会社よりも不要な経費が多くかかっているのである。

それでは、投資家はどうすれば労使関係を正しく判断することができるのだろうか。これは簡単ではない。すべてのケースに当てはまる基準はないからだ。ここは、いくつかの要素を合わせて判断するのが最善策かもしれない。

労働組合が広まっている今日、まだ労働組合や企業内組合がない会社は、おそらく平均よりもずっと良好な労使関係が保たれているのだろう。もしそうでなければ、はるか以前に本格的な組合が結成されていたはずだ。例えば、組合化が浸透しているシカゴに本社があるモトローラや、組合化が急速に進んでいるダラスに本社があるテキサス・インスツルメンツは、会社が社員を大事にしたいという意志と能力を、労働者の大部分が理解していることを投資家は確信してよいと思う。また、国際労働組合機関と提携していないのは、労使問題における人事の方針がうまく機能していることを意味している。

その一方で、組合化が必ずしも労使関係が悪いことを示しているわけでもない。労使関係が非常に良好でも全員参加の労働組合があり、双方が尊敬と信頼を持ってうまく共存している会社もあるからだ。ちなみに、定期的に長めのストライキが起こることは、労使関係が悪いことを示す分かりやすい兆候はあるが、ストライキがまったくないことが必ずしも良好な関係を示すわけではない。ストライキがない会社は、妻の尻に敷かれた夫と同じなのかもしれない。衝突がないのは関係が良好だからではなく、そのあとの処分を恐れているだけという場合もあるのだ。

なぜ雇用主によって労働者は普通以上の忠誠心を持ったり、反目したりするのだろうか。理由はたいてい複雑で、たいてい経緯もよく分からない。そのため、投資家はその理由を追求して原因を探るよりも、労働者がどう感じているかを示すデータを比較するほうに力を使うべきだろう。労使関係の質を示す数字のひとつが、同じ地域の会社における労働者の相対的な転職率だ。また、同じ地域の就職希望者の待機リストの長さも参考になる。労働力が不足している地域で、異常に長い待機リストがある会社は、労使関係が良いという観点から投資家にとっても望ましい会社と言える。

このような全体的な数字だけでなく、投資家が気づくことができる細かい点がいくつもある。労使関係が良好な会社は、たいてい不満があれば全力で即座に対処している。個人の小さな不満は解決に時間がかかるが、それを経営者が軽視していると、くすぶり続けて、あるとき急に爆発し、深刻な問題に発展する。さらに、投資家は不満を解決するための手法を評価するだけでなく、賃金にも注目するとよい。その地域の平均以上の賃金を支払いながら、平均以上の利益を上げている会社は、おそらく労使関係が良好だろう。しかし、もし投資した会社が賃金を地域の平均以下に抑えることで収益の大部分を捻出しているならば、いずれ深刻な問題が起こるかもしれない。

最後に、投資家は経営トップの一般社員に対する姿勢にも気をつけておくべきである。経営者のなかには、聞こえの良い一般論とは裏腹に、一般社員に対する責任感や関心があまりない人もいる。彼らの最大の関心事は、売り上げに関係なく、下の地位の社員には組合との取り決め以上は支払わないようにすることだ。そのため、売り上げや利益の見通しが若干変わっただけでも大量の労働者を雇用したり解雇したりする。それによって大変な思いをする家族に対する責任感など持ち合わせていない。このような会社は、社員が「自分は求められている」「必要とされている」「会社の一員だ」という気持ちになれるような対応をしていない。労働者の尊厳を高めていくような努力もしていない。つまり、このような姿勢の経営陣は、最も望ましい投資先となる環境を整えていないのである。

ポイント八　その会社は幹部との良い関係を築いているか

会社にとって、一般従業員との関係を築くことも大切だが、経営幹部のために正しい環境を整えることはもっと大切だ。彼らの判断や創造力やチームワークこそが、いずれ新しい試みを企画し、推し進めていく原動力だからだ。ただ、大きな仕事をしていれば、緊張感も高まる。そして、摩擦が起こったり、不満がくすぶったりすると、才能ある人材が会社を辞めてしまったり、最大の能力を発揮できなくなったりすることもある。

投資家にとって最高のチャンスがある会社は、幹部にとっても素晴らしい環境が整っている。幹部は社長や取締役会会長を信頼している。これは、派閥の力学ではなく、能力によって出世することができるという感覚を下の人たちまでが持っているということである。つまり、オーナー一族が、より能力の高い人を追い越して出世するということはないということだ。給与が定期的に見直されれば、幹部は自ら要求しなくても、当然の昇給が得られると安心できる。また、給与は最低でも業界と地域の標準に達している。ポストが空けば、新しい仕事でないかぎり、経営陣はまず社内から適材を探し、見つからない場合のみ外部から採用する。経営トップは大勢で仕事をしていれば、派閥ができたり、軋轢が生じたりすることをある程度は認めつつ、それを最低限に抑え、チームワークを乱す者は許さない。これらのことができているかどうかは、さまざまな地位の幹部と少し話をすれば、たいていは分かる。このような環境が標準よりもかなり劣っていれば、投資家にとって優れた投資先にはならない。

ポイント九　その会社は経営を担う人材を育てているか

小さい会社でも、非常に能力が高い経営者が一人いて、それ以外の正しい要素がそろっていれば、何年にもわたって素晴らしい投資先になる。しかし、だれにでも限界はあるので、投資家は小さい会社であっても、そのキーマンがいなくなった場合の最悪の事態を避けるために、できることを考えておかなければならない。ただ、経営に優れた人材が豊富にいる大企業が優れた小企業を買収する昨今の傾向を考えれば、優れた小企業のこのような投資リスクは、見かけほど高くないのかもしれない。

いずれにしても、投資する価値がある会社とは、成長し続ける会社だ。会社は、経営幹部の才能をしっかりと育てなければ、遅かれ早かれ、新たなチャンスを活用できない規模に達する。いつそうなるかは、会社によっても、業種によっても、ワンマン経営者の能力によっても違う。よくあるのは、年間売り上げが一五〇〇万ドルから四〇〇〇万ドル程度に達したときだ。そうなったときに、幹部にとってポイント八で述べたような正しい環境が整っていることが、投資先として重要な意味を持つのである。

ポイント八で述べたことは、経営を担う人材をしっかりと育てていかなければ実現しない。しかし、このような幹部が育つためには、いくつかの方針が実施されている必要がある。なかでも最も重要なことは、権限の委譲だ。経営トップ以下、各階級の幹部が個人の能力に合わせて創造的かつ効率的に任務を遂行するための権限を与えられていなければ、優秀な幹部候補でもその才能を発揮することはできない。才能とは、それを使うべきチャンスを与えなければ、開花しないのである。

ちなみに、経営者が自ら通常の細かい業務にかかわって、対処しようとする会社が、最も魅力的な投資先になることはほとんどない。権限を持つ人が自分で定めた一線を超えて干渉するのは、それが善意の行為であったとしても、彼らの会社の投資先としての質を大きく損なうことになる。どれほど有能な経営者でも、細かいことまですべて自分で処理してしまうタイプは、会社がある程度の規模になったときに、二つの問題に直面することになる。まず、すべて自分で処理していたら、いずれ手が回らなくなる。そしてもうひとつは、能力のある部下がいたとしても、経験を積ませなければ将来を担う人材には育たないということだ。

それ以外に、投資家が注目すべき点は、経営を担う厚みのある人材が控えているかどうかということである。経営トップが、社員からの提言を、たとえそれが経営陣にとって否定的な内容であっても、歓迎し、公正に評価できるかということだ。今日の競争が激しいビジネスの世界では、改善と変革が大いに必要で、もし経営トップがプライドや無関心によって、真の金鉱かもしれないアイデアを真剣に検討しないような会社ならば、それは投資家にとっても、おそらく望ましい環境ではない。このような会社は、将来ますます必要となる若い幹部が育つ環境がないと見て間違いないだろう。

ポイント一〇　その会社はコスト分析と会計管理をきちんと行っているか

会社は、全体のコストをある程度の精度で分類し、各業務の詳細なコストを把握していなければ、素晴らしい成功を長期間続けていくことはできない。そうしなければ、彼らが対処すべき問題を適切に解決できたかどうかの判断ができないからだ。さらに言えば、成功している会社の多くは、ひとつではなく、膨大な種類の製品を生産している。もし経営陣が製品の相対的なコストを正確に把握していなければ、極めて不利になる。それが分からなければ、不当な競争を避けつつ可能なかぎり最大の利益を確保するための価格を設定することができないからだ。むしろ、そうすることでしか、どの製品の販売努力や宣伝活動を強化すべきかは分からない。そして、何よりも困るのは、一見うまくいっている事業が実際には赤字でも、それを経営陣が認識していなければ、全体の利益は増えるどころか減ってしまうことだ。それでは賢明な事業計画を立てることなどできない。

投資先の会計管理は重要なことだが、注意深い投資家でも問題があることをはっきり認識できるのは、その会社の原価計算やそのほかの会計効率が極めて悪いときくらいだ。しかし、この分野でも「周辺情報利用法」によって、本当に欠陥のある会社が分かる場合がある。ただ、それ以上のことはなかなか分からない。社内の人に直接聞けば、たいていコストのデータはすべて適正だという誠実な答えが返ってくる。それを裏付けるコストの詳細もたいていは見せてくれる。しかし、大事なのは細かい数字であることよりも、その精度なのである。これについて注意深い投資家ができることは、このことの重要性と価値ある評価を下すには限界があることを理解することだ。その制約のなかで出した結論、つまり経営のほとんどの面において平均を大きく上回っている会社で、経営トップが専門家による会計管理とコスト分析の基本的な重要性を理解しているならば、おそらくこの分野でも平均を上回っている、と信じるしかない。

ポイント一一　その会社には同業他社よりも優れている可能性を示唆する業界特有の要素があるか

これはある意味、すべてのことを含む質問とも言える。この種のことは会社によってかなり違いがあり、ある会社のある事業にとって非常に重要なことが、他社にとってはまったく重要でないということもあるからだ。例えば、小売業では、不動産を扱う高いスキルが何よりも重要だ（例えば、有利な賃貸契約を結べるなど）。しかし、このスキルはほかの業種ではさほど重要ではない。同様に、ある会社にとっては信用査定のスキルが非常に重要でも、他社ではほとんど重視されない場合もある。しかし、いずれのケースも、おなじみの「周辺情報」が投資家にかなり明確な状況を教えてくれる。そして、もしそれが掘り下げて調べるべき重要な点であれば、周辺情報利用法で得た結論をさまざまな比率、例えば売り上げ一ドル当たりの賃貸料の比較や、貸倒損失の比率などと照合することもできるのである。

事業分野によっては、保険コストが売り上げの大きな割合を占めている場合があり、時にはこれが大きな差を生む。例えば、保険コストが同じ規模の同業他社よりも三五％低ければ、その分利益率が上がる。保険が収益に大きな影響を及ぼす業界では、この比率を調べ、保険に詳しい人の話を聞くと、非常に有益な情報を得ることができる。ちなみに、これはその会社の経営陣の優秀さを確認できる追加的な情報にもなり得る。保険コストを低く抑えるのは、単純に保険を取り扱うスキルだけでできることではないからだ（不動産を扱うスキルが高ければ賃貸コストを平均以下に抑えられることとは少し違う）。保険コストの場合は、むしろ人の使い方や、在庫、固定資産の扱いといった全般的な経営スキルによって、事故や損害や浪費による費用を減らし、それが全体コストの削減につながっているケースが多いからだ。補償に対する保険コストを比較すれば、同じ業界のどの会社で優れた経営が行われているかがはっきりと分かるのである。

特許も、会社によってその重要性がかなり違う。大企業において、有力な特許は基本的な強みというよりも、追加的な強みという場合が多い。特許の存在は、いくつかの部門が激しい競争にさらされるのを防いでくれている。特許のおかげで、これらの部門の製品ラインは通常よりも高い利益率を享受できるということだ。そして、そのことは全体の利益率を上げることにつながっている。同様に、有力な特許を所有している会社は、特定の製品を最も簡単かつ安く製造する独占権を有している場合もある。そうなると、同業他社は同じ結果を得るのに不利な方法を強いられるため、特許は所有者の具体的な競争力にはなるが、この影響はさほど大きくはないことが多い。

技術的なノウハウが広く行きわたっている今日、大企業が特許によって保護される範囲はさほど大きくはない。特許が競争を食い止められるのは、工程のすべてではなく、ほんの一部分という場合がほとんどだ。そのため、多くの大企業は、特許によって競争を遮断しようとはしない。むしろ、比較的低めのライセンス料を課して、競合他社でもお互いに特許の使用を許可している。競争力を維持するためには、特許を独占するよりも、製造のノウハウや、販売やサービス体制、顧客からの信頼、顧客の問題を理解していることなどのほうが、はるかに効果があるからだ。実際、大企業が特許を独占することで利益率を保っているのならば、それはたいてい、その企業の強さよりも弱さを示すサインになる。特許の効果は、永遠ではない。特許の保護期間が終われば、それだけに頼っていた会社の利益率は大きく落ち込むことになる。

ただし、起業から間もない、生産、販売、サービスなどの体制を整えたり、顧客の信頼を構築したりし始めたばかりの会社の場合はまったく状況が違う。特許による保護がなければ、大企業に同様の製品を既存の顧客チャンネルで販売され、若い競合他社は簡単に締め出されてしまうからだ。独自の製品やサービスを販売し始めたばかりの小さな会社の場合、投資家は注意深く特許の状況を調べる必要がある。特許の保護がどれくらいの範囲に及ぶのかを、信頼できる情報源を使って調べるのである。特許を取得したとしても、内容によっては他社が若干異なる方法で競合してきたときに、それを防ぐことができるとは限らない。つまり、特許の保護だけに頼るよりも、製品を常に改善していくことのほうがずっと効果があるということだ。

例えば、何年か前に、今日よりもはるかに小さかった西海岸の起業間もない電機メーカーが、新製品で大成功を収めた。すると、同じ業界のある巨大企業が同種の製品（ある人の言葉を借りれば「海賊版」）を作り、同社の有名ブランドで売り出した。新会社のデザイナーによれば、この大企業は新会社の製品の良い点とともに、細かい設計ミスまでコピーしていた。そして、大企業の製品と、若い会社が設計ミスを修正した改良版がほぼ同時期に発売されたのである。もちろん、大企業の製品はまったく売れず、結局、その分野から撤退した。これまで何回も見てきたように、本当の防御策となるのは、特許ではなく、最高の技術力を維持することなのである。投資家は、特許が重要な要素となる場合もあることを理解しつつ、特許による保護を重視しすぎないよう注意しながら望ましい投資先の魅力を評価してほしい。

ポイント一二　その会社は長期的な利益を見据えているか

会社のなかには、今、最大の利益を上げるために業務を推進しているところもあれば、直近の利益を意図的に削ってでも関係者の信頼を構築し、何年か先までの全体利益が最大になることを目指しているところもある。このことは、顧客や出入り業者への対応を見ればたいていは分かる。例えば、ある会社は納入業者と常に最も厳しい条件で取引をしているとする。しかし、別の会社は、市場が急変して供給が逼迫したときに、必要な原材料や高品質の部品を確保できるようにしておくため、業者が配送で予定外の経費がかかったときは契約金に上乗せして支払いをすることもある。同様に、顧客に対する対応の違いも注目に値する。固定客が予想外の困難に陥ったときに、わざわざ手間と経費をかけてニーズに応える会社は、その取引の利益は低くなっても、長い目で見ればはるかに大きな利益を得ることになるだろう。

「周辺情報利用法」を使えば、会社ごとの方針の違いがかなり明確に分かる。最大の投資利益を得るためには、長期的な利益見通しを持っている会社を選ぶべきなのである。

ポイント一三　近い将来、その会社が成長するために株式発行による資金調達をした場合、株主の利益が希薄化されないか

多くの投資本は、会社の現金持ち高や、組織の構造、資本比率の内訳などに多くのスペースを割いている。しかし、このような財務的側面は、一五のポイントの一つにすぎない。賢明な投資家が株を買う理由は、単純に安いからではなく、ほかのさまざまな理由から将来、大きな利益をもたらすからであるというのが、本書の基本的な主張である。

すべての会社のなかで、本章で挙げたこれ以外の一四のポイントのすべて、またはそのほとんどに適合する会社はほんのわずかしかない。しかし、これに適合する会社は、その規模に対して妥当な利率で、業種に見合う最大の金額を容易に借り入れることができる。このような会社が借り入れ後もさらに現金が必要なときは――もちろん、私たちが注目しているさらなる売り上げの伸びや利益率、経営、研究開発、それ以外のさまざまな点で最高に近い質を保っているという前提だが――、株式発行によってもある程度の資金を調達できる。このような会社の試みならば、投資家は常に参加したいと思っているからだ。

優れた投資先に限って言えば、大事なことはこれから数年間のチャンスを十分に生かすために必要な資本を、その会社の現金と追加的な借り入れ能力で、確保できるかどうかということだ。もしそれが可能で、分別ある限度を超えない借り入れならば、株主は将来も安心していら

れる。投資家が状況を適切に評価していれば、何年かあとに発行される新株の株価は現在よりもはるかに高くなっているため、心配は無用だ。そして、近い将来の資金調達によって収益が十分に増加すれば、その何年か先に再び資金調達が必要になっても、株価はさらに上がっているはずなのである。

しかし、もし今の借り入れ能力が十分でなければ、増資による資金調達が必要になる。その場合、現在の株主にとって投資先としての魅力は、調達した資金で増えた収益が発行株数の増加でどこまで希薄化するのかを注意深く見極めなければならない。ただ、株の希薄化については、転換請求権が付いた既存の優先株による場合も、普通株発行による場合も計算で分かる。転換請求権の多くは、発行時の株価よりも少し上の水準（たいていは一〇～二〇％）で行使されることが多いからだ。しかし、投資家は一〇～二〇％などといった少ない利益ではなく、年単位の期間で一〇倍、一〇〇倍といった利益を目指すべきなので、転換価格は無視してすべて転換したものとして希薄化の計算をしてかまわない。つまり、普通株の発行済株数を調べるときは、転換請求権が付いたすべての優先株も、ワラント債やオプションなど、すべてがすでに行使されているものとして計算してよいということだ。

もし普通株を買ってから数年のうちに増資が行われ、その後も一株当たりの利益がわずかしか増えないならば、妥当な結論はひとつしかない。経営陣の財務判断力が劣っていたために、価値ある株の魅力が下がったということだ。ただ、残りの一四のポイントの評価が高い素晴ら

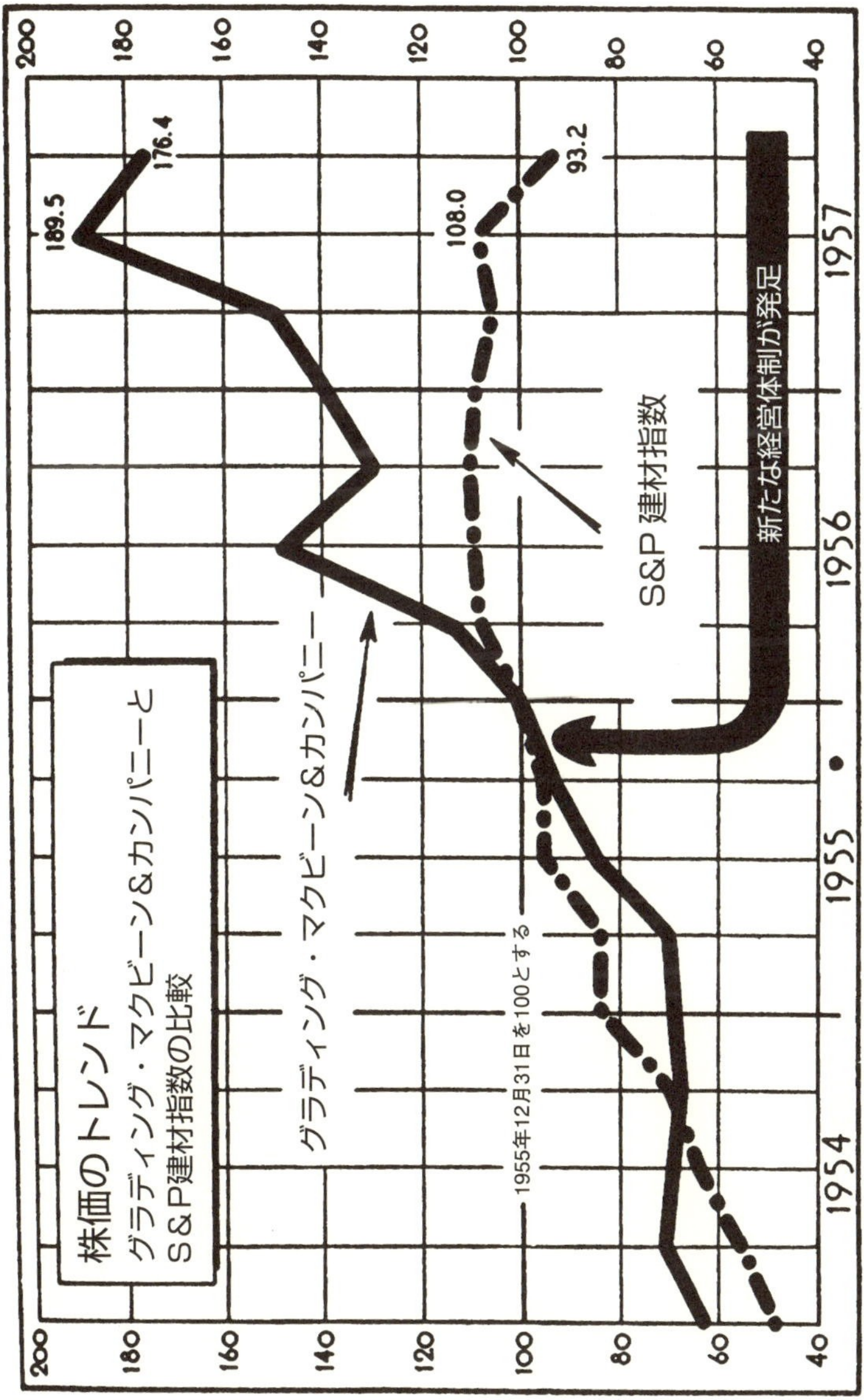

出所＝スタンダード&プアーズ・コーポレーション

しい会社ならば、このような状況が悪化しないかぎり、財務的な理由だけで投資をやめる必要はない。反対に、長年かけて最高の利益を上げたいならば、残りの一四のポイントの評価が低いのに、財務力が高いとか現金資産が多いという理由だけで株を買ってはならない。

ポイント一四　その会社の経営陣は好調なときは投資家に会社の状況を饒舌に語るのに、問題が起こったり期待が外れたりすると無口になっていないか

会社というのは、どれほどうまく運営されていても、時には予想外の困難や、利益の低下、製品に対する需要の変化などが起こるものである。そのなかで、投資家が最大の利益を目指して買うべき会社は毎年、技術的な研究を重ねて常に新しい製品や工程を産み出し、販売している会社である。平均の法則によれば、なかには高くついて失敗に終わる試みもある。そのほかにも、計画が予想外に遅れたり、工場が稼働した直後は膨大なコストがかかったりもする。何カ月も連続でこのような予算外の余計なコストが発生すれば、注意深く算出した事業全体の利益見通しも台無しになりかねない。このような期待外れの出来事は、最も成功している会社でも、避けられないことがある。しかし、これにしっかりと向き合って正しい判断を下せば、それは将来の成功のコストのひとつにすぎなくなる。そのような対応ができる会社ならば、それ

は弱さではなく、むしろ強さを示しているのかもしれない。

このようなときの、経営陣の反応は、投資家にとって有益な情報になる。経営者が、うまくいっているときは饒舌なのに、うまくいっていないときに無口になるのはいくつか理由がある。予想外の困難を解決するための対策がまだできていないのかもしれない。パニックを起こしているのかもしれない。株主に対する責任感が乏しいため、急場しのぎの説明でよいと思っているのかもしれない。いずれにしても、悪いニュースを公表しなかったり、隠そうとしたりする会社は、投資候補から除外すべきだろう。

ポイント一五　その会社の経営陣は本当に誠実か

経営陣は、株主よりもはるかに会社の資産を動かしやすい立場にある。権限を持った人やその家族が、合法的に株主の資金で利益を得る方法はいくらでもある。例えば、自分や親戚などに、実際の仕事の対価以上の給与を支払うことだ。また、所有する資産を時価よりも高く会社に売ったり貸したりする場合もある。ただ、小さい会社の場合は、オーナー一族や主要な幹部が不当な利益を得るためではなく、限られた運転資本を会社のほかの用途に残しておきたいという誠実な思いから、個人で所有する不動産を会社に賃貸する場合など、真相が分かりにくいケースもある。

インサイダーが私腹を肥やすもうひとつの方法は、出入り業者との取引に、インサイダー（あるいはその親戚や友人）が所有する会社を不必要に仲介させて、その会社に手数料を払うような場合だ。しかし、投資家にとっておそらく最も高くつくインサイダーの職権乱用は、不適切なストックオプションの発行だ。これは、能力のある経営陣に報いるための合法的な手順を悪用して、社外の公平な基準ではとうてい成果に見合わないオプションを自らのために発行して、実質的に法外な報酬を得ようとすることである。

投資家が、このような職権乱用を避ける方法はひとつしかない。それは、経営陣が受託者としての高い意識と株主に対する道徳的責任感を持っている会社にのみ投資することである。このことを確認するためにも、「周辺情報利用法」が非常に役に立つ。会社は、これまで述べてきた一五のポイントのどれかに該当しなくても、それ以外が高い評価ならば、投資先の候補になるのかもしれない。しかし、ほかのポイントの評価がどれほど高くても、株主に対する経営陣の受託者としての感覚に大きな疑問符が付くようでは、その会社への投資を検討すべきではない。

第4章　どんな銘柄を買うべきか──自分のニーズに合う株を買う

平均的な投資家は、投資の専門家ではない。男性が投資に使えるのは、仕事にかける時間や労力のほんの一部だと思う。女性も、家事の合間のほんのわずかな時間と労力を使って投資をしているのだろう。そのため、一般投資家の多くは、普通の人でも投資で成功できる方法として広まっていった中途半端な事実や、誤解、単なるたわ言をそのまま信じている。

なかでも、最も広まっている最も不正確な考えが、投資の達人になるための資質という概念だ。もしこれについて一般の人にアンケートをとれば、浮かび上がってくるのは内向的で、本好きで、会計士のような考え方をする人物だろう。この学者風の投資の専門家は、一日中だれにも邪魔されずに、独りで多くの財務諸表やビジネス統計を熟読しているような人物だ。彼（彼女）は、優れた知性とさまざまな数字を深く理解することで、普通の人には分からない情報を読み解いているのだろう。このように、世間から隔絶して研究を続けていれば、素晴らしい投資先の在りかなどといった優れた発見があるかもしれない。

このようなイメージは世間に広まっているその他多くの誤解と同じように、多少の真実も含んでいるため、つい信じてしまいがちだ。しかし、株で最大の長期利益を得たいと思っている人にとっては、非常に危険な影響を及ぼしかねない。

第3章の一五のポイントのなかでも書いたように、単なる運ではなくて大成功する投資先は、俗世から離れて数式を分析するだけで見つかるものではない。さらに言えば、本書の初めに書いたように、十分なスキルを身につけた投資家が年月をかけてお金（時には大金）を儲ける方法はひとつではない。しかし、その方法をすべて網羅することが本書の目的ではない。そうではなく、そのなかの最高の方法を紹介することなのである。最高の方法とは、最小のリスクで最大の利益を上げるということだ。一般の人が投資の成功の核だと思っている会計や統計の分析を十分に行えば、いくつかの割安株が見つかるだろう。そのなかには、本当にお買い得の株があるかもしれない。しかし、なかには問題を抱えていても、それがまだ統計には反映されていないため、今は割安に見えても、何年かたてば割高だったというケースもあるかもしれない。

また、本当の割安株についても、その割安の程度はたいていは限定的だ。そして、それが本当の価値に追いつくには通常は時間がかかる。これまで私が見てきたなかで、意味のある比較ができる期間（例えば五年間）で比較すると、ある程度の知性を使って優れた経営が行われている成長企業を選んで買った投資家と統計的な割安株を探す最高のスキルを持った割安株ハンターを比べたら、割安株ハンターの利益は取るに足らないものだった。これはもちろん、成長株の投資家が買って期待どおり成長しなかったベンチャー企業や、割安株ハンターが買ったが損失になったものを合算しての話だ。

成長株のほうが良い理由は、一〇年単位で価値が何百％も上昇しているからだ。しかし、割安株ならば五〇％上昇するものもほとんどない。成長株の累積効果は明らかだ。

ここまで読んで、自分にとって正しい投資先を見つけるために必要な時間や、それを見つけるための資質について、考えが変わってきただろうか。もしかしたら、これから毎週二～三時間、自宅でくつろぎながら利益を上げるヒントとなりそうな資料を読んでみようと思った人もいるのではないだろうか。もちろん、株式投資で最高の利益を得るための情報をもたらしてくれるさまざまな人と知り合い、話をする時間などないと思った人もいるかもしれない。もしかしたら、時間はあっても、面識のない人たちを探し出して話を聞こうという意志もないし、自分はそのような性格ではないと思った人もいるだろう。しかも、情報を聞き出すためには、ただ話を聞くだけではなく、彼らの関心を引き、知っていることを教えてもよいという信頼を得る必要がある。成功する投資家の多くは、元々その会社の問題に関心がある人たちだ。そういう人だからこそ、情報を求めて話を聞こうとする相手の関心を引くことができる。そして、もちろんそれを正当に判断する力がなければ、苦労して手に入れた情報も役に立たない。

もちろん、時間と意志と判断力があっても、株を買って最高の結果を得ることができない場合もある。投資先選びには、地理的な要素もかかわってくるからだ。例えば、デトロイトの近くに住んでいる投資家は、同じくらい勤勉で能力もあるオレゴン州の投資家よりも、自動車の付属品や部品を扱う会社については知る機会が多い。また、今日の大手企業や主要な業界の多くは全国的な物流網を構築し、複数の生産拠点を作ったり、多くの主要都市に事務所を構えたりしている。そのため、主要な工業地域やその周辺に住んでいる人には、少なくともいくつかの素晴らしい長期投資先の候補を探す十分な機会があるだろう。しかし、このような地域から離れた農村地域に住んでいる人には、それができない。

しかし、農村地域に住んでいる投資家やそれ以外の素晴らしい投資先を見つけだす時間も意志も能力もない圧倒的多数の投資家でも、素晴らしい投資ができないわけではない。実際、投資家の仕事は非常に専門的で複雑なので、弁護士や医者や建築家や自動車整備士に依頼するように、投資も専門家に託すことができるからだ。もし投資家が特定の分野に特別な関心やスキルを持っているのならば、自分で投資先を探せばよいと思う。しかし、そうでなければ、専門家に託すべきである。

大事なことは、投資家が原則を十分理解しておけば、いい加減な仕事をする人やペテン師ではなく、本物の専門家を選ぶことができるということだ。注意深い素人にとっては、優れた医者や弁護士を選ぶよりも、優れた投資顧問を選ぶほうが簡単な場合もあるし、反対に難しい場合もある。難しい理由のひとつには、投資という分野がほかの多くの専門分野に比べて歴史が浅いからだ。そのため、正しい知識とたわ言の境界線について、統一見解がまだ出来上がっていない。それどころか、金融の世界は法律や医学の世界と違い、この分野に無知な人や無能な人を入ってこさせないための障壁もまだない。それどころか、いわゆる投資の権威と言われる人たちの間でさえ、投資の基本的な原則が十分合意できていないため、法律や医学の世界のように、専門家を育成するための学校すらないありさまだ。このような状況では、政府機関が必要な知識を習得してほかの人の投資の手助けをする免許（医師免許や弁護士資格のようなもの）を発行できるようになるのはかなり先になるだろう。確かに、多くの州が投資顧問の免許を発行している。しかし、そのような場合でも、認可の基準は十分な訓練を受けていたり能力を持っていることよりも、不正や経営破綻がないかが重視されているのが現状なのである。

おそらくそのせいで、無能な投資顧問の割合は、無能な弁護士や医者よりも高い割合に上ると思われる。しかし、反対に、投資の専門知識がない人が優れた投資顧問を選ぶほうが、素人が優れた医者や弁護士を選ぶよりも簡単な場合もある。優れた医者を選ぶのに、亡くなった患者の割合が低い人を探すのが良い方法とは言えない。同様に、裁判での勝率が弁護士の相対的な能力の高さを示しているわけでもない。医者の治療のほとんどは生死を分けるようなことではないし、良い弁護士は訴訟を避けて和解させる場合もよくあるからだ。

しかし、投資顧問の場合はそれとはだいぶん違う。十分な期間が経過すれば、その投資顧問の能力をかなり正確に反映している成績表があるはずだからだ。時には、五年くらい経過しなければ、投資の本当のメリットが現れないケースもある。しかし、普通はそこまで長くはかからない。それに、いくら顧問を名乗っていても、資金運用の経験が五年もない人に大事な蓄えを託しはしないだろう。つまり、投資の場合は、プロの顧問を選ぶときに、資金の公正な運用記録を要求すればよいのである。その結果と、同じ期間の証券価格を比較すれば、顧問の能力を知るための良いヒントになると考えられる。

大事な資金を託す個人や組織を最終決定するには、あと二つのステップが必要だ。一つは、その投資顧問のまったく疑う余地がない誠実さを確認するという当たり前のことだ。しかし、もう一つはもっと複雑だ。投資顧問が、株価が下落した時期に平均をはるかに上回る結果を上げたとしても、それは必ずしも能力が高いからとは限らない。もしかしたら、運用資金の大部分を例えば格付けの高い債券で保有していた可能性もあるからだ。また、株価が長期間上昇していた時期に平均以上のパフォーマンスを上げた顧問は、リスクが高い小さな企業に投資していたのかもしれない。利益率のところで説明したように、このような会社が高い利益率を上げるのはたいてい上昇期だけで、そのあとはむしろ大きく下げることになる（第3章の「ポイント五」）。ほかにも、上昇期や下落期に、証券市場の動きを予想することで好成績を上げてきた顧問もいるかもしれない。しかし、このような運用はしばらくはうまくいっても、永久に成功し続けるのは不可能なのである。

投資顧問を選ぶ前に、投資家は顧問の資金運用に対する基本的な理念を知っておく必要がある。そのうえで、その理念が自分と基本的に同じ人に、資金を託すべきだ。もちろん私自身は、本書で述べた基本理念で運用すべきだと考えている。昔の金融界で推奨されていた「安いときに買って、高いときに売れ」というような方針にはまったく賛同できない。

また、私のように長期で巨額の利益を期待して株を買う場合、投資家は投資顧問を使うか自分で運用するかを事前に決めておく必要がある。第3章の一五のポイントの評価に従っても、人によって選定される銘柄がかなり異なる可能性があるからだ。

成長株の投資候補の一端には、大手企業がある。これらの会社はさらなる大きな成長が期待でき、財務的にも強力で、経済界にもしっかりと根差した「機関投資家が好む株」に分類できる銘柄だ。これは、保険会社や信託会社などといった機関投資家が買う株ということだ。彼らがこのような株を買うのは、もし判断を誤って、安く売らざるを得なくなったときでも、これらの会社がそのまま競争力を失ってさらに大きく値崩れするようなリスクが小さいからだ。

この種の成長株の好例は、ダウ・ケミカル、デュポン、IBMなどだ。第1章で、一九四六～一九五六年にかけて質の高い債券に投資した場合の低リターンについて書いた。しかし、この三つの銘柄（ダウ、デュポン、IBM）は、同期間の初めと終わりで株価がそれぞれ約五倍になっていたのである。しかも、その一〇年間の株主の年間利益（配当など）が低かったわけでもない。例えば、ダウは配当が低いことで有名だが、それでも、もしこの期間の初めにダウ株を買って一〇年間持ち続ければ、年間利益も悪くはなかったのである。買った当初の配当はわずか二・五％だったが（当時は全般的に株の利回りが高い時期だった）、一〇年後には配当率の上昇や株式分割を繰り返したことによって、株主は最初の投資資金に対して年間八～九％の配当リターンを享受していた計算になるからだ。そして、さらに重要なことは、この三社にとって、この一〇年間が特別な時期だったわけではないということだ。まれに中断はあっても（例えば一九二九～一九三二年のベア相場や第二次世界大戦）、これらの銘柄は何十年にもわたって素晴らしいパフォーマンスを上げてきたのである。

正しい長期投資候補として非常に興味深い会社のなかで、反対側の一端を担うのが、小規模のたいていは若い会社だ。これらは、年間売り上げが一〇〇万ドルから六〇〇～七〇〇万ドル程度の会社だが、驚くべき将来が期待できる製品を持っている場合がある。そして、前述の一五のポイントに見合う優れた経営陣がいるだけでなく、同じくらい優秀な研究者が新分野や経済性が高い分野で先駆的な研究を行っている。一九五三年に株式を公開したアンペックス・コーポレーションは、その好例と言ってよいだろう。この会社は、公開から四年で株価が七倍以上になったのである。

二つの両極端なタイプの会社の間に、たくさんの有望な成長企業があり、このなかには一九五三年に株式を公開した新しくてリスクが高いアンペックスから、今日では強固な基盤を確立しているダウ、デュポン、ＩＢＭまで含まれている。しかし、もし買い時だとしたら（詳しくは第５章参照）、投資家はどのタイプの株を買うべきなのだろうか。

若い成長株は、ほかのタイプよりもはるかに大きく成長する可能性がある。時には一〇年間で数千％も成長する会社もある。しかし、どれほど優れた投資家でも、まれにある（あるいはそれ以上の）判断ミスは避けられない。もしこの種類の株で間違うと、投資資金をすべて失うことになるということも忘れないでほしい。反対に、第5章で紹介するルールに従って、歴史があり、その地位を確立している成長企業に投資すれば、損失を被ったとしても、それは株式市場全体の予想外の下落による一時的なことですむ。ちなみに、成長株の長期的な上昇率は、小企業でたいていは若い会社よりも大企業のほうがかなり低くなる。しかし、それでも結果的には十分な利益を上げることができる。最も保守的な成長株を選んだとしても、少なくとも最初の投資資金の数倍にはなるだろう。

つまり、自分や家族にとって少なくないお金をリスクにさらして大きな利益を目指す人が従うべきルールは明らかだ。それは、「ほとんど」の資金を、ダウやデュポンやＩＢＭほど大企業ではなくても、種類としてはそれに近い会社（小さくて若い会社ではなく）に投資するということだ。この「ほとんど」が六〇％なのか一〇〇％なのかは、投資家のニーズや条件によって変わってくる。投資金額が五〇万ドルで子供がいない未亡人ならば、すべての資金を最も保守的な成長株に投じるのがよいかもしれない。同じ未亡人でも、資金が一〇〇万ドルあって、今の生活を脅かさない程度のリスクで三人の子供たちのために資金を増やしたいと思うならば、資金の一五％を慎重に選んだ若い小企業に投資してもよいかもしれない。妻と二人の子供がいるビジネスマンで、四〇万ドルの投資資金と、毎年一万ドルを貯蓄できる収入（税引き後）があるのならば、四〇万ドルすべてを保守的な成長株に投資して、今後は毎年貯蓄に回していた一万ドルを、先に挙げたリスクが高いほうの成長株に投資するのもひとつの方法かもしれない。

ただ、いずれの場合も、保守的な株に投資して得る値上がり益のほうが、リスクの高い株に投資して全資金を失う損失よりも十分大きくなるように配分しておく必要がある。もちろん、リスクが高いほうの投資は、適切に選べばかなり大きなキャピタルゲインが見込めるだろう。ただ、そうなったときには、この若い会社のリスクは以前ほど高くない段階に達しているだろうし、機関投資家が買い始める可能性も出てくるということを考慮しておかなければならない。

ちなみに、個人投資家の場合は、少し難しい問題がある。機関投資家は、たいてい配当を完全に無視してすべての資金を最大の成長が見込める投資先につぎ込むことができる。そして、そこから受け取る相当額の配当と通常の収入で、望む生活水準を手に入れたり維持したりできる。しかし、ほとんどの個人投資家は、どれほど高い利回りを得ていても、投資総額が少ないため、それで生計を立てることはできない。そのため、個人投資家は、毎年何百ドルかの配当金を受け取るか、それとも何年かあとに毎年その何倍かの利益を得るチャンスに賭けるかを選ぶ必要がある。

この大事な点を決める前に、個人投資家が向き合うべき問題がある。それは株に投資する資金を、本当の余剰資金のみとすることだ。これは、日々の生活費以外のお金をすべて株につぎ込むということではない。よほど特殊な環境でないかぎり、病気や予想外の事態に備えて数千ドル程度の予備資金を別に確保したうえでなければ、株のようなリスク資産を買ってはならない。同様に、特定の目的のために確保している資金（例えば、子供が大学を出るまでの養育費）は、けっして株式市場のようなリスクにさらしてはならない。必要な資金を確保したあとで、初めて株投資について考えることができるのである。

そのうえで、個人投資家がこの余剰資金で投資する目的は人それぞれだが、それ以外の収入の種類や額など、その人の環境による部分も多少かかわってくる。若い人や、年配で子供やそれ以外の大事な相続人がいる人などは、毎月三〇～四〇ドルの配当を犠牲にしても、一五年後に投資資金の一〇倍の利益を得たいと思うかもしれない。一方、年老いて身近に遺産を相続する人もいなければ、当然、直近の利益が大きいほうを望むだろう。同様に、低収入で重い金融債務を抱えている人も、目の前のニーズに対応せざるを得ないだろう。

個人投資家が目先の利益を重視するかどうかには、個人的な好みや考え方が大きくかかわってくる。あくまで私の個人的な見方ではあるが、少額の追加収入（税引き後）はすぐになくなってしまうが、数年後にある程度の額が入れば、それはいずれ子供たちの大きな資産になるかもしれない。これについては、まったく違う意見の人もいるだろう。本書で書いていることは、機関投資家や私と同じような考えを持ち、この本に書いている原則を賢く実行したい個人投資家向けであると思ってほしい。

個人投資家がこの投資原則を応用して成功できるかどうかは、二つのことにかかっている。

一つはそれを応用するスキルの高さだ。そしてもう一つは、もちろん運だ。今の時代、投資先とはまったく関係のないどこかの研究所で予測し得ないような発見が明日あるかもしれないし、その五年後にその研究結果が投資先の利益を三倍に増やしたり、半分に減らしたりするかもしれないことを考えれば、どのような投資でも、運が大きな役割を果たしているのは明らかだ。中規模投資家でも、非常に個人投資家よりは有利な理由もそこにある。注意深く選んだ数社に投資を分散できれば、幸運も不運も分散されるからだ。

しかし、機関投資家にとっても個人投資家にとっても、何年後かに最大のリターンを上げるほうを望むならば、過去三五年間において、さまざまな金融界の権威が行ったいくつもの研究について知っておくべきだろう。これらの研究では、配当率の高い株に投資したケースと、配当率を低くして利益を成長と資産への再投資に回した企業に投資したケースのリターンを比較している。そして、私の知るかぎりでは、すべての研究が同じ傾向を示している。五年後と一〇年後の結果の両方で、後者の成長株投資の資本価値のほうがはるかに上回っていたのである。

さらに驚くのは、同じ期間に成長株は配当も増えていたことだ。成長株はそのときどきの株価に対する配当率は低くても、株価が値上がりしていくことで、最終的には配当のみで選んだ株の配当利回りを上回っていたのである。つまり、成長株は資本増加率で上回っていただけでなく、ある程度の期間を経過すると配当利回りでも上回ってくるのである。

第5章　いつ買うべきか

これまでの章で、何年か先に一株当たりの利益が驚くほど成長する数少ない銘柄を探す方法こそが投資で成功するための核となる、と書いてきた。それなのに、それ以外のことに時間や思考を使う必要があるのだろうか。いつ買うかは、それほど重要なことなのだろうか。投資家が優れた株を見つけたと思ったら、いつ買っても同じなのではないだろうか。その答えは、投資家の目的によって、少し違ってくる。また、投資家の性格によっても違ってくる。

例を挙げよう。あとから見れば、近代金融史上、最も極端な例はすぐに分かる。仮に、一九二九年の夏、つまりアメリカ市場最大の株式市場暴落の直前に、厳選した数社の株を買ったとする。時間をかければ、このような株の買い方でも利益を得ることができただろう。しかし、妥当な会社を選ぶという最も難しいことを正しく行っても、成長株を買うタイミングに関するいくつかの簡単な原則を理解していなければ、二五年後の利益率はずっと低くなってしまうのである。

もし正しい株を買って十分に長い期間保有すれば、必ず何らかの利益は上がる。たいていは大きな利益だ。しかし、前述のような最大に近い利益を上げるためには、タイミングも考えて買わなければならない。

従来、株を買うタイミングとして使われてきた手法は、論理的に見えて、実はバカげている。この手法は、膨大な量の経済データから、短期的、または中期的な景気を予想することを指す。洗練された投資家は、たいてい将来の金利や景気について何らかの意見を持っている。従来使われている手法では、その予想に全体の状況が大きく悪化するような兆しがなければ、望ましいと思う株を買う。しかし、地平線に暗雲が広がっているようなときには、買うつもりだった株があっても、いったんは見送るか延期する。

私がこの手法に反対するのは、これが非論理的だからではない。現在分かっている経済知識を総動員しても、将来の景気動向を予想するのは不可能だということを考えれば、この手法は実践的ではないからだ。今できる予想では、大事な蓄えを投資するときのリスクに応用できる十分な精度とはとても言えない。ただし、ずっとそうだとは限らない。もしかしたら、五年後、一〇年後には、今とは状況が違っているかもしれない。現在、優秀な人たちがコンピューターを使った複雑な分析を試みており、将来はある程度の精度で景気動向を予想できるようになっているかもしれない。

もしいつか景気予測ができるようになれば、株式投資の手法も根本的に見直さなければならないのかもしれない。しかし、今のところ、将来の景気予想を目指す今の経済学は、錬金術を目指していた中世の化学と似たりよったりだ。当時の化学は、今日の景気予想と同じで、たくさんの謎めいたたわ言のなかから、基本的な原則が形成され始めたところだった。しかし、まだその原則を行動指針として安全に使う水準には達していなかったのである。

経済は、例えば一九二九年のように、時に大きく軌道をそれて、将来への投機熱が空前の高まりを見せることがある。現在のような経済的無知の状況においても、この先起こることをかなり正確に予想できることはある。しかし、それが当たるのはせいぜい一〇年に一回程度であり、将来はそれがさらに難しくなるだろう。

しかし、経済予想をいつも聞かされている一般投資家は、その予想の信頼性をあまり疑わなくなるようだ。そのような人は、ぜひコマーシャル＆フィナンシャル・クロニカル紙の第二次世界大戦以降のバックナンバーを読み返してみてほしい。たとえこれらの予想が外れたことを知っていても、クロニカルのデータを見返してみる価値はあると思う。この新聞には、どの年を選んでも、さまざまな記事とともに、その時代の経済界や金融界の権威が将来の見通しを述べた記事がかなり載っている。編集者は、最も優れた楽観論と悲観論を選んで載せていたようで、どの号にも正反対の予想が掲載されている。しかも、この専門家たちの意見が驚くほどかけ離れているのだ。それでも、これらの主張には、当時は強い説得力があったと思われるものがたくさんあり、そのことにも驚かされる。そしてもちろん、ここには結局はまったく間違っていたいくつかの予想も含まれているのである。

金融界が、関連性もなければ完全でもなさそうな一連の事実から経済予想を導き出そうとする試みを続ける様子を見ていると、その努力のほんの一部でも、もっと有意義なことに費やせないものかと思わずにはいられない。前に、経済予想を錬金術時代の化学に例えたが、もしかしたら、今はまだできないようなことに入れ込んでいる状況こそ、中世と似ているのかもしれない。

中世とは、ほとんどの西側諸国が意味のない欠乏感と苦悩に満ちた環境にあった時期だった。主な理由は、この時期の英知が無益な論争につぎ込まれていたからだ。もし中世の天使論（針の上に天使が何人乗れるかなどといったことを真剣に議論していた）に費やされた思考の半分でも、飢餓や病気の対策や人々の貪欲を戒めることに振り向けられていたら、どうなっていたか考えてみてほしい。同様に今日、投資の世界で将来の景気動向を予想するために費やされているる英知のほんの一部でももっと生産的なことに振り向ければ、何か素晴らしい成果が上がるのかもしれない。

しかし、短期的な経済予測に関する従来の研究が、適切な買いのタイミングを教えてくれる手法につながらないのならば、どうすればよいのだろうか。実は、その答えは、成長株の性質自体にある。

繰り返しになるかもしれないが、第４章までに書いてきた非常に望ましい投資先の基本的な性質についておさらいしておこう。これらの会社は、たいてい何らかの形で最先端の科学技術を持っている。彼らは研究所から試作工場、初期の商業生産を経て、さまざまな新製品や工程を産み出している。そして、これにはさまざまなコストがかかっている。ほかで上げた利益がここに費やされているのである。商業生産が始まってからも、初期段階で新製品の利益率を望ましい水準に乗せる十分な量を生産すれば、余計な販売経費などがかかるため、この時期の経費は試作品の時期を上回るかもしれない。

投資家の立場から言えば、特に大事なことが二つある。一つは、新製品の開発サイクルについて、当てにできる確実な計画などそもそも立てられないということだ。もう一つは、どれほど優れた経営が行われていても、事業を運営していくなかで、一定の割合で失敗するコストは避けられないということだ。スポーツの世界を見ても、例えば野球でリーグ優勝したチームでも、公式戦である程度は負けているのである。

新しい工程を開発する過程で、株を買うタイミングという意味で精査する価値があるかもしれない時期は、最初の本格的な商業プラントが生産を始めるときかもしれない。新しい施設の場合、既存の工程や製品であっても、おそらく六～八週間の慣らし期間は、さまざまな経費がかかる。効率良く運転するために機器を調整し、現代の複雑な装置にある避けられない「バグ」を取り除くのにはそれくらいかかるからだ。もしそれが革命的な工程ならば、この高くつく慣らし期間が最も悲観的なエンジニアの予想を上回るかもしれない。さらに、問題がすべて解決しても、待ちくたびれた株主にすぐに利益が入ってくるわけではない。そのあとも、新製品が市場に受け入れられるまで、それまでの利益をさらに何カ月間も投入して特別な販売活動や宣伝活動を行っていく必要があるからだ。

しかし、新製品の開発中も既存の製品の売り上げが伸びていれば、普通の株主は多額の利益が流出していることに気づかないかもしれない。しかもそれだけではない。経営が良好な会社の研究所でものすごい新製品ができたといううわさが先に広まれば、熱心な買い手が株価をつり上げる場合があるのだ。そして、もし試作段階で成功すれば、株価はさらに上がる。この時点で、試作工場での実験は曲がりくねった道を時速一六キロで走るようなものだ、という昔の例えを思い出す人はほとんどいない。しかし、商業生産を始めるということは、同じ道を時速一六〇キロで走るようなことなのである。

商業生産を始めるまでには、さまざまな問題が生じるため、それで何カ月かが経過し、この予定外の経費が一株当たりの利益を大きく減らすことになる。そうこうするうちに、工場で問題が発生したといううわさが広まる。問題がいつ解決するか明言できる人はいない。かつての熱心な買い手は、今や落胆した売り手に変わり、株価は下がり続ける。慣らし期間が長くなれば、その分株価の下げ幅も大きくなる。しかし、ついに工場が順調に稼働し始めると、株価は二日連続で上昇する。ところが、次の四半期決算で、新製品の販売経費が純利益をさらに押し下げることが明らかになると、株価は近年の最安値を更新する。そして、金融界には、経営陣の失態についてのうわさが広まっていく。

実は、この株の素晴らしい買い時は、この時点かもしれない。特別な販売活動によって、最初の生産規模が採算に乗る生産量に達すると、そのあとは、通常の販売活動だけで、何年も売り上げが上昇していく。そして、同じ技術を使った二番目以降の工場は、最初の工場の慣らし運転で生じたような遅れも予定外の経費もほとんどかからずに稼働し始める。そして、五番目の工場もフル稼働状態に達するころ、以前よりも大きく成長したこの会社は、好調な状態で次の新製品開発に着手し、同じサイクルを繰り返すことになる。ただ、そのときは初回ほど収益の流出率も高くならないため、株価の下げ幅も以前ほどはきつくならない。投資家は、正しいタイミングを選んで株を買えば、それから何年もの間、成長を享受することができるのである。

本書の初版では、このようなチャンスの例として、次のように書いた。これは当時、まだ比較的新しいケースだった。

一九五四年の下院選挙直前に、先のようなタイミングで株を買った投資ファンドがいくつかあった。その数年前、アメリカン・シアナミド株のＰＥＲ（株価収益率）は、ほかの大手化学会社と比べてかなり低くなっていた。この会社に対する当時の金融界の見方は、レダリー（研究部門）は世界で最も優れた製薬研究所のひとつだが、それよりも規模が大きい工業用と農業用の化学部門は一九二〇年代の合併ブームで誕生した寄せ集めの組織で、設備に経費がかかり非効率だ、というものだった。つまり、一般的に望ましい投資先だとは思われていなかったのである。

しかし、新しい経営陣は、黙々と生産コストを削減し、不要部門をそぎ落とし、着実に組織を簡素化していった。ただ、そのことはほとんど注目されなかった。逆に注目されたのは、この会社が「大きな賭けに出た」、つまり、会社の規模に比べて大きな設備投資を実行し、ルイジアナ州フォーティエに巨大な有機化学工場を建設していたことだった。複雑な設備が組み込まれた工場は、当然ながら採算に乗るのが計画よりも何カ月も遅れた。工場の問題が続くなかで、アメリカン・シアナミドの株価も悪影響を受けた。しかし、この時点で、買い時だと思った先の投資ファンドは、この株を平均四五・七五ドルで買った。この株は、そのあと一九五七年に行われた二対一の株式分割を含めて計算すれば、二二・八七五ドルで買ったことになる。

そのあとどうなったのだろうか。しばらくすると、一九五四年に経営陣が行ったコスト削減の効果が出てきた。フォーティエの工場も黒字になった。一株当たりの利益は現在の株に換算すれば、一九五四年の一・四八ドルから一九五六年には二・一〇ドルに増え、一九五七年もほとんどの化学製品（医薬品は除く）の利益が前年を下回っていたにもかかわらず、全体としては若干の上昇が期待できる。そして、同じくらい大事なことは、アメリカン・シアナミドの工業分野や農業分野に対する「ウォール街」の評価が変わり始め、機関投資家が投資価値のある会社だと気づいたことだ。その結果、この会社のＰＥＲは大きく改善した。三年弱で収益が三七％上昇したのに対し、時価総額は約八五％上昇したのである。

この原稿を書いて以来、金融界でのアメリカン・シアナミドの格付けは着実に上昇している。一九五九年の一株当たりの利益は、一九五七年に付けた史上最高の二・四二ドルを上回る見通しで、株価も安定的に上昇している。現在の株価は約六〇ドルで、本書の初版から五年間で収益力は七〇％、時価総額は一六三％上昇している。

アメリカン・シアナミドについては、この明るい報告で終えたいところだが、この改訂版のまえがきに書いたとおり、私はこの本に最も好ましい見栄えのする事例ではなく、ありのままの記録を載せるつもりだ。本書の初版で、一九五四年にシアナミド株を買ったと記した「いくつかのファンド」は、もうこれらの株を保有していない。彼らは一九五九年春に平均約四九ドルで売却したからだ。もちろん、これは現在の株価よりもかなり低い水準だが、それでも一一〇％の利益は得ていた。

このときの売りの判断には、利益の大きさとはまったく関係のない二つの理由があった。一つは、シアナミド以上に長期的な見通しが優れた会社が見つかったからだ。このことについては、次の第6章の売る理由のところで述べることにする。結論を出すにはまだ十分な時間が経過していないが、これまでの株価を見るかぎり、この行動は正しかったように思える。

株を買い換えた二つ目の理由は、あとから考えれば、あまり信頼できることではなかった。

それは、最も優れた競合他社と比べてアメリカン・シアナミドの化学部門の利益率が（製薬部門とは対照的に）高くならず、期待されていた利益率の高い新製品の開発も進んでいなかったからだった。これらのことに加えて、競争の激しい繊維業界の、アクリルファイバー事業に進出するコストが不透明なこともあり、懸念がさらに大きくなったのだ。ただ、仮にこれらの懸念が正しかったとしても、レダリー（製薬部門）の素晴らしい将来性を考えれば、投資判断としてはやはり間違っていたのかもしれない。そのことは、株を売ったあとで、より鮮明になった。レダリーの収益力が中期的にさらに急上昇する可能性があったからだ。主な理由は、①新しくて非常に有望な抗生物質、②当時は同社が最大のシェアを持っていたポリオの経口「生」ワクチンのかなりの市場――があることだった。こうなると、シアナミド株を売却したことが間違った投資判断だったのかどうかは、将来になってみなければ分からない。ただ、過去の間違いを見直すことは、過去の成功を見直すよりもはるかに得ることが多い。そこで、厚かましいようだが、投資技術を向上させたいと真剣に思う人は、ここまでの数段落に印を付けておき、次の第6章の「いつ売るか」を読んだあとに再読してほしい。

次も、似たような買いのチャンスだが、もっと最近の例で見ていこう。これも初版で取り上げた会社である。

一九五七年後半に、似たような状況が、フード・マシナリー・アンド・ケミカル・コーポレーション（ＦＭＣ）でも見られた。この株には大手機関投資家も何社かは投資していたが、それ以外の多くの投資家は関心を持ちつつも、いくつかの懸念が払拭できなければ買うには至らないようだった。この姿勢を理解するためには、少し背景を説明しておく必要がある。

第二次世界大戦が始まるまで、この会社は多様な機械の製造のみを行っていた。しかし、優れた経営陣と、同じくらい優れた開発力によって、ＦＭＣは戦前、株主にとって驚くほど成功した投資先のひとつになっていた。そして、戦争が始まると、機械製造の技術を応用して軍需品の製造を始め、これも同じくらい成功すると、次にさまざまな化学事業を構築した。機械事業の循環的な需要を、消耗品の製造で安定化させたかったからだ。彼らは、この部門も機械や軍需品の成功と同様に、研究開発によって継続的に拡大していくと考えていた。

ＦＭＣは、一九五二年までに四つの化学会社を買収し、それを四つ（現在は五つ）の部署に再編した。これらを合わせると、化学部門の売り上げは、軍事部門を含めた総売り上げの半分近くになり、軍事部門を除けば半分を若干超えていた。ただ、買収前と買収直後の時期の化学部門にはかなりむらがあった。ひとつの部署は急成長する分野を牽引する存在で、利益率が高く、素晴らしい技術力で業界でも一目置かれていた。しかし、別の部署は工場が時代遅れで、利益率も低く、士気も下がっていた。そのほかの部署も、化学業界のトップ企業と比べて不十分な点が多々あった。製品ラインによって、中間生成物を製造しているのに原材料は扱っていないところや、利益率の低い原材料を大量に生産しながら、それを使って製造できる高利益率の製品が少ないところなどが入り混じっていたのである。

金融界は、この状況から、かなりはっきりとした結論を出した。まず、機械部門（内部成長率は年間九～一〇％で、化学業界に匹敵する）については独創的で商業的に意味のある新製品を毎年計画し、この分野では最低コストの工場で製造し、販売する能力がある最高レベルの投資先だと評価した。しかし、化学部門のほうは全体的に高い利益率とそれ以外の本質的な質の高さを示す証拠がなければ、この複合企業への投資意欲はあまりわかない、というものだった。

この間、経営陣はこの問題に積極的に対処していた。何をしたのだろうか。まず、社内と社外から人材を集めて最高の経営陣を作り上げた。この新しいチームは、古い工場の近代化と新工場の建設と研究開発に資金を投じた。ちなみに、工場建設費は通常、固定資産として計上するが、大規模な近代化や工場建設を行えば、それとはまったく別に経常費用が例外的に膨らむことは避けられない。そう考えると、一九五五～一九五七年にかかった経費がこの時期の化学部門の収益を下げなかったことは、むしろ驚くべきことだった。そして、収益が安定していたことが、それまで行ってきた改善策の価値を強く示唆していたのである。

いずれにしても、もしこれらのプロジェクトが適切に計画されていれば、すでに完成した部分の累積効果はいずれ、未完成部分の例外的な経費を上回るはずだ。実は、一九五六年の研究費が前年を約五〇％上回らなければ、すでにそうなっていたのかもしれない。ちなみに、一九五五年の化学部門の研究費が業界平均を大きく下回っていたわけではなく、機械部門の研究費は、むしろほとんどの同業他社を大きく上回っていた。高い水準の研究を続けてきたにもかかわらず、一九五七年後半まで収益が急増しないと見られていたのは、その年半ばにウエストバージニア州サウスチャールストンの近代的な塩素工場が稼働予定だったからだ。ただ、この会社の場合、化学業界の特徴ともいえる予想外の問題がこれまでの近代化や拡張計画では驚くほど見られなかったことを考えれば、一九五八年第1四半期には収益が急増することが期待できる。

収益が改善され、化学部門の利益率が一定期間上昇し続けるまで、多くの機関投資家は表面上の情報だけを見て、この株を避けておくだろう。しかし、もしこのような変化が一九五八年か一九五九年に実現すれば（私はすると思っている）、そのときは金融界もこの会社のファンダメンタルズが数年前から改善し始めていたことに気づくはずだ。その時点では、一株当たりの利益が改善したことと、それ以上に、会社の本質的な価値が上がったことによってPERが改善しているはずなので、株価も今よりも高くなっているだろうし、そのあとも何年にもわたって上昇が期待できる。

過去二年間の記録を見ると、まったくこのコメントのとおりだった。FMCが最初に水面下で目を引いたのは、あまり景気が良くなかった一九五八年だった。ほとんどの化学会社や機械会社の収益力が落ち込むなかで、この会社の一株当たりの利益は史上最高の二・三九ドルを記録したのである。この数字は、景気が良かったその前の数年間をも若干上回る水準だった。これは、化学部門がついに機械部門と肩を並べ、非常に望ましい投資先になったことを示唆していたと言ってよいだろう。この原稿の執筆時点で、一九五九年の利益はまだ発表されていないが、最初の九カ月間については一九五八年の同時期と比較して収益力が急増したことが報告されている。私は、この会社が長い期間をかけて化学部門を再編してきた努力が大きく報われたことをさらに確信した。一九五九年に、軍事部門の主力商品が鋼製の装甲兵員輸送車や水陸両用戦車から、パラシュートで投下可能なアルミニウム製の車両に移行したことを考えれば、この年の利益は特筆すべきだ。つまり、この年は、近年と比べて軍事部門が全体の収益にあまり貢献していない年だったにもかかわらず、会社としては史上最高利益という重要な結果を出したのである。

マーケットの反応はどうだったのだろうか。一九五七年九月末に、本書の初版を書き終えたとき、FMCの株価は二五・二五ドルだった。それが今では一〇二％値上がりして五一ドルになっている。初版で書いたように、金融界が「この会社のファンダメンタルズが数年前から改善し始めていたことに気づく」のも時間の問題かもしれない。

ほかにも、この傾向を裏付け、さらなる推進力になった出来事があった。それに寄与したのが、一九五九年にマグロウヒル・パブリケーションズが創設した新しい賞だ。これは化学業界で優れた経営成果を達成した会社を毎年表彰するものである。同社は、名誉ある第一回受賞者を決めるため、極めて著名で博識な一〇人の選考委員会を発足させた。委員は、四人が一流ビジネススクール、三人が化学業界に多額の投資をしている大手投資機関、残りの三人が著名な化学系コンサルティング会社に所属していた。候補に挙がったのは二二社で、そのうち一四社が選考に参加した。この業界には、ウォール街から高く評価されていた優秀な経営者がいる巨大企業が数社ある。しかし、受賞したのはほんの二年前までほとんどの機関投資家から望ましくない投資先と思われていた会社で、今でもそう考える投資家がたくさんいるＦＭＣの化学部門だったのである。

それではなぜ、このようなことが長期投資家にとって重要なのだろうか。まず、全般的な景気動向に影響を受けたとしても、このような会社の収益は今後何年も増加していくという強い確信を与えてくれる。化学業界の事情に通じたビジネスマンならば、価値のある新製品を開発し続ける研究部門と、それを効率良く生産できる化学エンジニアがいる会社でなければ、このような賞を授けるはずがない。次に、このような賞は、投資家の世界に強い印象を残す。株主にとって、収益が上がり、一ドル当たり利益がマーケットで評価されることでＰＥＲと株価が上がれば、これ以上のことはない。これは初版でこの会社のコメントの最後に書いたとおりだ。

普通と少し違う会社の場合は、新製品の開発や複雑な工場を稼働させるときの問題以外にも、買いのチャンスにつながる要素がある。例えば、ミドル・ウエスタン・エレクトロニック・カンパニーは、並外れて良好な労使関係で知られていた。しかし、ある規模に達したとき、従業員への対応を変えざるを得なくなった。すると人間関係が悪化し、それまで良好な労使関係と高い生産性で知られていた会社に摩擦が生じ、ストライキが操業を遅らせ、生産性も下がった。それと同じころ、この会社は新製品の潜在市場に関して、数少ない判断ミスを犯した。収益は急激に落ち込み、株価も下落した。

この会社の有能で独創性がある経営陣は、この状況を一気に解消する計画を立てた。計画は何週間かでできたが、それを実行するにはもっと長い期間がかかった。それでも、この計画の成果が収益に現れ始めると、株価は買いポイントAとでも言える水準に達した。しかし、すべての成果が損益計算書に現れるまでには約一年半かかった。この期間の終盤に、二回目のストライキが起こった。実は、これを解決することがこの会社の競争力を回復するための最後のステップだった。このストライキはすぐに終わった。しかし、短くて比較的安くついたストライキではあっても、これが起こったことで、金融界では労使関係がさらに悪化したといううわさが広まった。この会社では、幹部が熱心に自社株を買っていたにもかかわらず、株価はさらに下げた。しかし、その下げも長くは続かなかった。タイミング的には、これがさらなる買いのチャンスだったからだ。これを、ポイントBとする。この会社の水面下の動きを見て、本当に起こっていたことを知っていた人は、このとき買うことで、そのあと何年も成長する可能性がある株を割安で手に入れることができたのである。

ここで、ポイントAかポイントBで買えばどれほど利益率が高くなったかを検証してみよう。

ちなみに、ここで使うのは、それぞれの期間の最安値ではない。そのような株価で売買されたのは、ほんの数百株だったからだ。もし最安値で買うことができれば、それは単に運が良かっただけだ。ここでは、ポイントAは安値から少し上で買った場合、ポイントBは安値から数ポイント上で買った場合で話を進めていく。いずれの場合も、その水準で数千株以上の売買が行われていたからだ。つまり、これは状況を観察していた人が簡単に買うことができた株価で、検証した現実的な試算だと考えてよい。

買いポイントAは、以前の高値からほんの二～三カ月で二四％下げたところだ。そこで買っていれば、一年以内に五五～六〇％値上がりした。しかし、ストライキが起こると株価は約二〇％下げ、買いポイントBを付けた。おかしなことに、ストライキが終わっても、株価はその水準で何週間かとどまっていた。この時点で、大手投資信託の優秀な社員が私に、この会社が非常に良い状況にあり、この先上がるのは間違いないだろうと教えてくれた。しかし、彼は自分の会社の投資委員会にはこの株を推奨しなかった。そんなことをすれば、委員がウォール街の友人に問い合わせて、彼の推奨を却下するだけでなく、いい加減な経営者と絶望的な労使関係の会社を提案したとして叱責されるに違いないからである。

それから何カ月かたって、この原稿を書いているが、株価はすでにポイントBから五〇％上昇している。つまり、ポイントAからは九〇％上昇したということだ。そして何よりも、この会社の将来の展望は素晴らしく、一時的な不運な出来事によって買いポイントAとポイントB

を付ける前と同様に、これから先も並外れた成長が大いに期待できる。

簡単に言えば、投資家が買うべき会社とは、非常に能力が高い経営陣の指導の下で運営されている会社だ。もちろん失敗に終わる試みもいくつかはあるだろう。成功したとしても、その前に予想外の問題が起こることもある。しかし、大事なのは、これらの問題が永続的ではなく、一時的なことだと投資家が確信できるかどうかだ。そのうえで、もしその問題が株価を大きく下げても、何カ月かのうちに（何年かではなく）解決するものであれば、それはかなり安全な買い時と考えてよいだろう。

ただ、すべての買い時が、会社が抱える問題から発生しているわけではない。化学業界のように、売り上げに対する資本の比率が大きい業界では別の種類のチャンスもある。よくあるパターンを見ていこう。新しい工場（一つまたは複数）の建設に一〇〇〇万ドルかかったとする。これらの工場が全面稼働してから一～二年が経過し、その会社のエンジニアが細かく工程を見直した。そして、一五〇万ドルの改善策を提案した。エンジニアたちは、この一五％の追加的な資本投資によって生産能力が四〇〇％増加すると言うのである。

工場がすでに黒字の状態で、一五％投資すれば、増員することなく四〇〇％の増産ができるのならば、増産分の利益率はかなり高くなるはずだ。もしこれが会社全体の収益に影響を及ぼすほどの大きなプロジェクトならば、収益力の改善が株価に反映される直前が正しい会社を正しいタイミングで買うチャンスと言えるだろう。

これまでの例の共通点は何だろうか。正しい会社で、ある程度の増益が期待できる要素があっても、それがまだ株価に反映されていない時点で買うということだ。私は、正しい投資先がこのような状況になったときは、買いのレンジに入ったと考える。もちろん、そのような状況にならなくても、優れた会社を買って長期間保有すれば、利益は上がる。しかし、その場合は下げたときに買うよりも利益が出るまでに長くかかる分、強い忍耐が必要になるし、投資資金に対する利益率もかなり劣ることになる。

これは、第3章の基準を満たす正しい株が本章で紹介した良い買いポイントに達したら、将来の景気循環を完全に無視して、すべての資金を投資すべきだということなのだろうか。しかし、買った直後に不況に襲われる可能性もある。普通の景気下降期でさえ、最高の株が高値から四〇～五〇％下落することが珍しくないのに、景気循環をまったく考慮しないのは、リスクが高い戦略ではないのだろうか。

このリスクは、投資家がすでにある程度の期間、厳選した株をある程度保有していれば冷静に対処できると私は思っている。もし正しく選んだ株を買っておけば、それはすでにかなりの含み益が出ているはずだ。しかし、もしその時点で、保有銘柄の一つが売り時になっていたり、新しい資金が入ってきたりしたら、その資金で新しい株を買うことができる。そのようなときは、よほど投機熱が高まり、大きな嵐の兆候を示す警告が鳴り響いているようなまれな年でもないかぎり（例えば、一九二八年や一九二九年）、賢い投資家は景気循環や株式市場に関する一般的な予想を無視して、適切な買いのチャンスが訪れたら、すぐに資金を投入すべきだと思う。

投資家は、全般的な景気や株式市場の動向を予想するよりも、自分が買いたい会社が全体的な景気動向にどのように対応していくのかを、あまり間違えずに判断できるようになるべきである。そうすれば、最初から二つの点で優位に立つことができる。まず、推測ではなく、知っていることに賭けることができる。それに、もともと何らかの理由で短期的、もしくは中期的に収益力がある程度上がる状況にある会社を買おうとしているため、それをあと押しする二つ目の要素がある。景気も好調で、収益力を押し上げる新たな理由が市場に認知されれば、その会社の株価は平均以上に上昇するだけでなく、もし不幸にも株式市場全体が崩壊する直前に買ってしまったとしても、この新しい収益源があることで、その会社の株価は同業他社ほどは下がらないはずなのである。

とはいえ、正しく選んだ会社を現在の株価よりも十分安く買って保有している幸運な投資家はそう多くはない。なかには、初めて株を買う人もいるだろうし、それまで長年保有していた債券や比較的動きのない株を成長株に買い換えて大きな利益を狙いたい人もいるだろう。もしこのような投資家が株式市場の長年の上昇で利益を謳歌してきたあとに、成長株に投資したいと思っているとしたら、それでも起こり得る不況のリスクを無視すべきなのだろうか。買ったあとで、ほとんど（あるいはすべて）の資金を長期的な高値や、主要な下落相場の直前に投資してしまったことに気づいたら、あまり良い気はしないだろう。

これは問題だ。しかし、それを解決するのは特に難しくはない。株式市場にかかわるほかの多くのことと同様に、ここでも必要なのは、ほんの少しの忍耐だ。私は、賢い投資家が正しい株を見つけたと確信したときは、すぐに買うべきだと思っている。ただし、私の勧める買い方は、それ以降の買いのタイミングを調整する必要がある。つまり、手持ちの資金を一回で投入せずに、数年間かけて計画的に買っていってほしいのだ。そうすることで、その間のどこかでマーケットが激しく下落しても、その下落を利用して増し玉することができる。もし正しい株を買って、マーケットも下落しなければ、保有している株はある程度以上の値上がりをしているはずである。その場合、もし彼らにとって最悪のタイミングで（つまり、残りの資金をすべて投資した直後に）激しく下落したとしても、その前に買った分の利益がクッションになり、直近に買った分の損失のほとんど（もしくはすべて）を相殺してくれるはずだ。そうすれば、もともとの資本が大きく減ることにはならない。

それまでの投資に満足していない人や、買いを調整できる十分な資金を持っている人がこのようにすべき重要な理由はもうひとつある。この方法ならば、手持ちの資金をすべて投資する前に、自分または投資顧問が十分な投資技術を駆使してある程度効率的な投資を行えているかどうかを、実際に確かめられるということだ。もし期待した成果が得られていないときは、まだ資金が残っているうちに自分の投資技術を見直したり、別の顧問に変えたりするということもできる。

どのようなタイプの投資家でも、株に投資するならば、ある基本的な考え方をぜひ知っておくべきだと思う。そうしなければ、金融界に蔓延する懸念に影響され、景気循環による下落相場を恐れるあまり、価値あるチャンスを無駄にしかねないからだ。その考えというのは、二〇世紀半ばにある現在、景気循環の影響は、マーケットに影響を及ぼす五つ（あるいはそれ以上）の強力な力の一つにすぎないということだ。これらの力は、群衆心理に影響を及ぼすものもあれば、直接的な経済運営によって、株価全般に極めて大きな影響を及ぼすものもある。

そのほかの四つの力は、金利の傾向、投資や民間企業に対する政府の全体的な姿勢、インフレを加速させる長期的な傾向、そしてもしかしたら最も強力なのが、古い業界に影響を及ぼす新しい発明や技術である。これらの力が、すべて同時に同じ方向で株価に作用することはほとんどない。また、そのどれか一つだけが長期間大きく影響を及ぼし続けることもない。そのため、これらの力の複雑で多様な影響を考えれば、最も安全な道は、一見最もリスクが高そうな方法だ。それは、自分が状況をよく把握している会社が投資すべき時期になったと確信したら、すぐに買うということだ。推測や憶測に基づく恐れや希望に負けて、行動を止めてはならないのである。

第6章　いつ売るべきか——そして、いつ売ってはならないか

投資家が、株を売ろうと決める理由はたくさんある。新しい家を建てたい人もいれば、息子の事業を支援する投資家がいる人もいるだろう。このような理由は、幸せな人生という観点から見れば、どれも株を売る理由として理解できる。ただ、このような売り方は経済的な理由ではなく、個人的な動機によるものなので、本書の範疇ではない。これから説明する売り方は、投資資金に対して最大の利益を得るというただ一つの目的を達成するための方法だということを理解して読んでほしい。

私は、前述の投資原則に従って買った株を売る理由は、三つしかないと考えている。一つ目は分かりやすい。最初に買ったことが間違いで、その会社の実情が最初の想定よりもはるかに悪かったことが時間の経過とともに明らかになっていった場合だ。このような状況に対処するとき、最も重要なのは感情を自制することである。また、自分に正直になることができるかどうかも、ある意味重要になる。

株式投資で重要なことは二つある。一つは、大きな利益を確保するための適切な処理で、もう一つはその処理をするための高いスキルと知識と判断力だ。ただ、素晴らしい利益を上げるためのプロセスは非常に複雑なため、買うときに一定の割合で間違いを犯す。幸い、非常に良い株で長期的な利益を上げていけば、普通はそれが間違った分の損失を十分に相殺して、全体としては大きな利益を上げることができる。特に、間違いにすぐに気づけば、うまくいく可能性は高くなる。早く対処すれば、たとえ損失が出たとしても、間違った株を長く保有してしまった場合よりもはるかに小さくてすむからだ。間違ったときに何よりも大事なことは、望ましくない状況に固定されている資金を、ほかのことに振り向けることである。このときに正しい投資先を選べば、そこでも大きな利益が期待できる。

しかし、投資の間違いを訂正できない複雑な要素がある。それが、私たち一人ひとりが持っているエゴだ。私たちは、自分が間違ったことを認めたくはない。もし間違った株を買ったとしても、少しでも利益が上がれば、バカなことをしたと思わなくてすむ。しかし、少しでも損失が出れば、嫌な気持ちしか残らない。このような反応は、まったく自然で普通のことだが、これは投資のプロセスで私たちが陥る最も危険なことでもある。株の投資でおそらく最大の損失につながるのは、望まない株を「せめてトントンになるまで」保有することだ。もしこれをした場合の損失と、間違いに気づいてすぐに適切な再投資をした場合に上がったはずの利益を比較すれば、エゴを優先したことによる損失がいかに大きいかが分かるだろう。

さらに言えば、どれほど小さい損失でも、それを実現したくない気持ちは、まったく自然なことであると同時に、まったく非論理的でもある。もし株式投資の本当の目的が何年かかけて何百％もの利益を上げることならば、例えば二〇％の損失と五％の利益の違いなど、ささいなことでしかない。大事なのは、ときどき損失が発生するかどうかではない。本当に問題なのは、大きな利益をたびたび取り損ねていることであり、そのときはあなたや投資顧問が適切な対処をしたかどうかを疑ってみる必要がある。

損失が出ても自己嫌悪や情緒不安定に陥ったりする必要はないが、とはいえ、それらを軽視すべきではない。毎回、注意深く見直せば、それぞれのケースから学ぶことができるからだ。もし誤った判断につながった原因をきちんと理解しておけば、次に株を買うときに同じ間違いをする可能性は低くなる。

第2章と第3章で紹介した原則に従って買った株を売るべき二つ目の理由に移ろう。保有している会社が時間の経過とともに、第3章で挙げた一五のポイントを満たさなくなったら、その株は売るべきである。投資家が常に警戒を怠ってはならない理由はここにある。そのためには、自分が買った会社の出来事を常に注視しておかなければならない。

会社の成長力が衰えていく理由は、主に二つある。経営陣の質が落ちたか、その製品がかつてほど拡大する見通しがなくなった場合だ。時には、成功によって主要な幹部の一人か二人の意識が変わり、経営の質が落ちることもある。うぬぼれや自己満足に陥ったり、かつての機動力や創造力が惰性に変わったりする人もいる。さらに多いのは、新しい経営陣のパフォーマンスが前任者たちの基準に達していないケースだ。ほかにも、その会社を並外れた成功に導いた方針が維持されなくなったり、その方針を実行する能力がなくなったりする場合もある。このなかの一つでも起これば、マーケット全体の見通しが良かろうが、キャピタルゲイン税が高かろうが、その会社の株はすぐに売るべきだ。

同様に、何年も目覚ましい成長を続けたあと、その市場の成長が限界に達する場合もある。そうなれば、それ以降は業界全体の成長率や、国の経済成長率と同じ程度の伸びしか期待できない。この変化は、経営陣の質の低下によるものではない。多くの経営陣は、それまでの経験を生かした同じ分野の関連商品や同種の商品の開発に優れた能力を発揮する。しかし、彼らは関連のない分野では強みを発揮できないことも分かっている。そのため、若く成長している会社だけに長年携わって過ごしていると、時代が変わり、市場が成長する余地がなくなったときに、その会社は一五のポイントから大きく外れていく。その時期が来たら、その株は売らなければならない。

ただ、この場合の売りは、経営陣の質の低下のときほど急ぐ必要はない。状況によっては、持ち株の一部を適切な投資先が見つかるまで保有しておいてもよい。ただ、その場合も、この会社が価値ある投資先でなくなったことは認識しておく必要がある。キャピタルゲイン税がどれほど高くついたとしても、資金はこれから何年間も成長する会社（売ろうとしている会社もかつてはそうだった）に投資しなければならない。

会社が今後、期待どおりの成長を続けられる状態かどうかを見極める良い方法がある。相対的な一株当たりの利益（配当と株式分割は考慮するが、増資目的の新株発行分は除く）の上昇率を、前回の景気循環のピークから現在までと、現在から次のピークまでで比較してみるのである。途中でどのようなことがあったとしても、今後も少なくともこれまで以上の上昇率が達成できると思えるならば、その株は保有し続けるべきだ。しかし、もしそれが難しそうならば、売るべきである。

株を売る三つ目の理由は、より魅力的な銘柄が出てきたときである。ただ、正しい原則に従って株を買った人は、この理由に至ることはほとんどないだろう。これは、投資家が自分の根拠を明確に理解しているときしか行うべきではない。魅力的な投資先はなかなか見つからないため、たまたま資金があるときに良い投資先が見つかることはあまりない。そのため、投資家は投資用の資金をかなり長い期間保有している場合もあり、そんなときに魅力的な会社を見つけたら、その資金の一部またはすべてを、経営状態が良く、確実に成長すると思える会社に投資したくなるのも分かる。しかし、そのすぐあとでより魅力的に見える会社を見つけてしまうこともある。そうなると、すでに買った会社は、年間リターンも、ほかの重要な点においても魅力が劣るように思えてくるかもしれない。

もし根拠が明快で、投資家が状況をしっかりと理解していると思っているならば、キャピタルゲイン税を支払ってでも、条件がより良いと思える会社に乗り換えるほうが利益は高くなるだろう。一般的に、年率平均一二%で長期間成長できる会社は、株主に大きな経済的満足を与えてくれる。しかし、もしそれが二〇%になるのならば、追加的な手間とキャピタルゲイン税を支払ってでも、買い換える価値はある。

ただし、より良い投資先を求めて、あまり簡単に買い換えをしすぎるのは要注意だ。新たな投資先について、大事な要素を誤って見ているリスクは常にあるからだ。その場合、リターンはおそらく期待をはるかに下回ることになるだろう。その一方で、注意深い投資家が良い株をある程度の期間保有していれば、その望ましい点もそうでない点もよく分かっている。そのため、さらに良い株を求めてある程度満足している株を売るときは、その前に新しい会社のすべての要素を最大の注意を払って正確に評価しなければならない。

ここまで読み進めてきた熱心な読者ならば、ごく少数の成功した投資家だけしか理解していないであろう基本的な投資原則を、おそらく理解できていると思う。これは、適切な銘柄を選び、時の試練を耐えたならば、それを売る理由はあまりないということである。しかし、金融界は、素晴らしい株をこれまで述べたのとは違う理由で売らせようとして、推奨やコメントを次々と繰り出してくる。そのような理由に正当性はあるのだろうか。

このなかで最もよくある理由が、この先株式市場である程度下げが予想されるという話だ。第5章で、魅力的な株があっても、株式市場全体の動きを恐れて買いを延期すると、長い目で見ればとても高くつくことになると書いた。それは、現時点ではいいかげんな推測でしかない他人の予想を恐れ、自分が観察を続けてきた株に関する知識という強い根拠を無視しているからだ。もしこの議論が有効ならば、魅力的な株を買うときに、ベア相場を過度に恐れる必要はないし、同様に、そのような恐れから素晴らしい株を売ることもない。第5章で述べたことは、ここでもすべて有効なのである。さらに言えば、このような売りが正しい可能性はキャピタルゲイン税を考慮すれば、さらに下がる。優れた株を長年持ち続けていれば大きな利益が出ているため、それにかかるキャピタルゲイン税も高くなり、このような売りをしたときのコストをさらに押し上げることになるからだ。

普通のベア相場が起こることを恐れて素晴らしい株を売るべきではない理由はもう一つあり、これはさらに高くつく。もし本当に優れた会社ならば、次のブル相場で株価はそれまでの高値を大きく更新すると考えられる。しかし、売ってしまったら、それをいつ買い直せばよいのだろうか。理論的には、次の下落のあとだ。しかし、そのためにはその下落がいつ終わるのか分かっていなければならない。私はこれまで目先のベア相場を恐れて売ったものの、その株が何年かあとに並外れた利益を上げたケースを数多く見てきた。また、ベア相場が起こらずに、株価はそのまま上昇していったケースもかなりあった。また、ベア相場が起こったとしても、売値よりも安く買い直せたケースは一〇回に一回もなかった。ほとんどの投資家は、実際の底値よりも下げるのを待って買えなかったり、実際に大きく下げれば、さらに何かが起こるのではないかという恐れから買えなかったりしてしまうのである。

次は、意欲はあっても洗練されていない投資家が将来の大きな利益を取り逃す原因につながる理由を見ておこう。それが、優れた株が割高になったから売るべきだ、という議論である。これは、一見、理論的に聞こえる。もし割高な株ならば、売って別の株を買えばよい、と言うのである。

性急に結論を出す前に、少し掘り下げて考えてみよう。そもそも割高とはどういうことなのだろうか。私たちはそもそも何がしたいのだろうか。非常に優れた株ならば、当期利益に対する比率（ＰＥＲ［株価収益率］）で見て高く売られている。収益力が横ばいの株よりも、結局、この継続的な成長に便乗できる可能性には明らかに価値があるということだ。株価が割高だというのは、期待される収益力に対して、私たちが考える以上に高いＰＥＲで売られているということだ。あるいは、似たような条件にある、やはり将来の収益が大幅に増加する見通しの株よりもさらにＰＥＲが高いということなのかもしれない。

これらのことはすべて、不正確なことに基づいて何かを測定しようとする試みと言える。投資家は、ある会社の二年後の一株当たりの利益が何ドルになるかなど正確に当てることはできない。予想するとしても、数字ではなく、せいぜい「同じくらい」「少し上がる」「大幅に上がる」「ものすごく上がる」くらいのことしか言えないだろう。実際、その会社の経営トップでさえ、それ以上のことはほとんど言えない。経営者や投資家が、二～三年後に平均利益が大幅に上昇することを、かなり現実的に予想できることもある。しかし、どれくらい上昇するのか、あるいは正確に何年後にそうなるのかについては、たくさんの変数を推測することになるため、正確に予想するのはやはり不可能なのである。

このような状況で、並外れた速さで成長している優れた会社がいくらになれば割高なのかを、そこそこの精度をもって言える人がいるのだろうか。株価が仮に、利益の二五倍（平均的な水準）ではなく、三五倍ならばどうだろうか。近い将来発売する新製品が本当に持っている経済的な重要性を、金融界はまだ理解していない可能性もある。あるいは、そのような製品がなかったらどうなのだろうか。いずれにしても、素晴らしい成長率を維持して一〇年後には四倍の規模になるかもしれない会社ならば、今、ＰＥＲが多少高いことなど問題ではない。大事なことは、将来さらに価値が上がるポジションを邪魔しないことだ。

ここでも、おなじみのキャピタルゲイン税がこの結論をあと押ししてくれる。割高だと言われて売りを勧められた成長株は、ほとんどの場合、売ればかなりのキャピタルゲイン税がかかる。つまり、売れば将来も並外れた利益を上げ続けるポジションを失うリスクに加えて、かなりの税負担も強いられるということだ。それならば、今は株価が少し先走っているだけだから、そのまま持ち続けると心を決めるほうが、安全かつ安くつくのではないだろうか。この株はもうすでにかなりの利益をもたらしている。もし少しの間、含み益が減ったとしても（例えば今の株価から三五％下落する）、それが深刻な事態なのだろうか。繰り返しになるが、それまでの含み益が一時的に減少するのを防ぐために手仕舞いするのと、ポジションをそのまま維持するのと、どちらが本当に重要なことなのか考えてみてほしい。

投資家が得られたはずの利益を逃してしまうことはほかにもある。なかでも最もバカバカしいのが、保有している株が大きく上昇したから売る、というものである。すでに大きく上がり、潜在力が尽きたはずだから、それを売って、まだ上がっていない株を買うべきだという議論である。しかし、私が考える優れた会社、つまり投資家が買うべき唯一のタイプの会社の成長力は、そのようなものではない。これらの会社の成長力については、次の少し空想的な例えが分かりやすいと思う。

今日は、あなたの大学の卒業式だとしよう。大学に行かなかった人は、高校の卒業式でもかまわない。仮にこの日、クラスメートの男子全員がそれぞれ緊急に現金を必要としているとする。そこで、みんながあなたに同じ取引をもちかけてきた。もし彼らの卒業後一年目の年収の一〇倍に当たる金額を貸してくれたら、彼らは毎年、その年の年収の四分の一を生涯にわたってあなたに支払い続けるというのである。あなたは素晴らしい提案だと思ったが、今出せる現金は三人分しかない。

この時点で、あなたが考えることは、投資家が堅実な投資原則を使って株を選ぶときと非常に近いものがある。あなたはすぐにクラスメートの分析を始める。これは、彼らがどれほど感じが良いかでもなければ、才能があるかですらなく、彼らがいくら稼ぎそうかという一点で考える。もし大きなクラスならば、よく知らないクラスメートがどれくらい稼ぐかを適切には判断できないため、かなりの人数が対象から外れる。ここも、株の知的な買い方とよく似ている。

そうこうして、あなたは将来最も稼ぐ力がありそうなクラスメートを三人選び、契約を結ぶ。そして、一〇年がたった。三人のうちの一人は、大成功を収めた。大会社に入り、昇進を重ねたのである。社内では、社長に目をかけられている彼が一〇年後にはその地位に就くだろうとうわさされている。彼には、その地位に伴う高給と、ストックオプションと、年金が約束されている。

この状況では、「マーケットよりも大きく上げた」優れた株は利食うべきだと主張する株の専門家でも、成功したクラスメートは貸した金額の六〇〇%を支払ったから、もうこの契約は解消した（売った）ほうがよい、とは考えないだろう。もしこの契約をやめて、卒業時からあまり収入が増えていない別のクラスメートの契約に乗り換えたほうがよいなどと助言されれば、正気を疑いたくなるはずだ。成功したクラスメートはもうこれ以上出世しないはずで、経済的に成功していないクラスメートはこれから出世するはずだという議論はバカげている。もし保有する株についてきちんと理解していれば、良い株の売りを勧める議論の多くも、同じくらいバカげていることが分かると思う。

それはそうでも、クラスメートは株とは違うと思った人もいるだろう。確かに、大きな違いがひとつある。しかし、この違いは、優れた株が大きく値上がりして一時的に割高になっていてもけっして売るべきではない理由に反するどころか、むしろさらに後押しするものだ。株と人の違いは、クラスメートの支払いがいつか終わるということにある。クラスメートは、急死してしまうかもしれないし、いずれ必ず死ぬ。しかし、株の寿命は人とは違う。その株を発行している会社は、才能ある経営陣を厳選し、彼らに会社の方針や手法や技術を教え込むことで、会社の成長力を維持し、受け継いでいくことができるのである。創業から二世紀目を迎えているデュポンを見てほしい。優れた創業者が亡くなったあとのダウは、今でも素晴らしい成長力を保っている。人の果てしない要求と、途方もないマーケットが存在するこの時代に、会社の成長力に人間の寿命のような制限はないのである。

　本章で述べた考えを一文にまとめれば、こうなる。正しい魅力的な株を買っておけば、その株を売るときは……来ないかもしれない。

第7章　配当金をめぐるさまざまな言い分

世間では、株式投資に関するいくつもの歪んだ考えや、中途半端な事実が信じられている。特に、配当金の意義や重要性に関する一般投資家の混乱ぶりは、はなはだしいものがある。

この混乱や中途半端な事実は、配当にかかわるさまざまな行動に関する言葉にも及んでいる。例えば、これまで配当金を払ってこなかった（あるいは、ほんの少しの額しか払ってこなかった）会社の社長が取締役会にかなりの配当金の支払いを求め、それが実行されたとしよう。このことについて、社長や取締役会はたいてい株主のために「何かをする」ときが来た、と表現する。つまり、配当がない、もしくは配当が少ないということは、それまで株主のために何もしてこなかったということになる。そのとおりかもしれない。しかし、配当金を支払わないことだけで、そうと断定することはできない。もしかしたら、経営陣は収益を配当ではなく、新しい工場の建設や製品ラインの拡大や古い工場のコスト削減につながる機器の導入に使うことで、単純に配当金を配るよりもはるかに大きな恩恵を株主に与えているのかもしれないからだ。

ところが、配当金以外に収益がどう使われていても、配当率が増えれば、必ず「望ましい行動」として評価される。もっと言えば、配当金を減らしたりなくしたりすれば、ほぼ間違いなく「望ましくないこと」だと非難されるのである。

一般投資家が配当について誤解する主な理由のひとつは、収益が配当ではなく、内部留保された場合、それによって株主が受ける恩恵には大きな差があるからだ。内部留保の内容によっては、株主にまったく恩恵がない場合もあれば、隠れた意味の恩恵もある。後者は、内部留保しなければ、株主の保有する価値は減ってしまうが、それをしても株価は上がらないため、恩恵がないように感じる人もいる。また、内部留保によって株主が多大な恩恵を受けるとしても、株主のタイプによって内容にかなりの違いが出ることも、投資家をさらに混乱させているのかもしれない。つまり、収益が配当として配られない場合、実際のメリットは調べなければ分からないということだ。ここは、少し掘り下げて細かい違いを調べてみよう。

株主が内部留保から何の恩恵も受けないのは、どのようなときだろうか。一つは、経営陣が現金や流動資産を、現在や将来の事業で必要な量よりもはるかに多く貯め込んでいるケースである。この場合、経営陣に悪意の動機があるとは限らない。経営陣のなかには、不要な流動資産を安定的に増やしていくことで、自信と安心を得る人もいる。彼らは、株主の資産を自由に扱ってよいものだと誤解し、株主の利益を削ってその安心感を得ていることに気づいていないのである。ただ、今日ではこの種の損害を阻止する税法ができたため、このようなケースがなくなったわけではないが、かつてほど大きな問題でもなくなった。

ほかにも、収益が頻繁に内部留保されているのに、株主にそれなりの利益をもたらさないさらに深刻なケースがある。これは、能力の劣る経営陣がすでに投下された資本に対して通常以下の利益しか上げていないのに、そこにさらに内部留保をつぎ込み、結果的に利益率を改善するのではなく、非効率的な事業を拡大させている場合だ。しかも、彼らは事業を拡大したことに対して昇給を要求し、承認されてしまうこともよくある。ちなみに、このような形で事業を拡大しても、株主の利益にはほとんどか、まったくならない。

どちらの状況も、本書で紹介した概念に従って株を買った投資家には起こらないことだと思う。このような投資家は、安いからではなく、優れた会社だからその株を買っているのである。非効率的で標準以下の運営しかできない経営陣は、一五のポイントを満たすことはできない。反対に、これを満たす経営陣は、余剰資金をただ貯め込むだけではなく、有効利用する方法を見つけるに違いない。

収益の留保が不可欠なのに、株の価値を上げる可能性はない、などということがなぜ起こるのだろうか。そのようなケースは二つある。一つは、慣習や一般的な需要が変化したために、売り上げが増えなくてもいわゆる資産に投資をしなければ、ビジネスを失うことになるという場合だ。この種の典型的な例は、小売店が高額なエアコンを設置するようなことだ。競争力のある会社が次々と店舗にエアコンを設置していけば、それ以外の店は売り上げが増えなくてもエアコンを設置しなければ、夏の暑い日にお客が激減することになるだろう。ちなみに、理由は分からないが、一般的に認められた会計原則や税法では、この種の「資産」と実際に会社の価値を上げる資産を区別していない。そのため、株主の多くは収益も分配されず、内部留保された分の価値の上昇も確認できなければ、自分たちがないがしろにされていると感じるようになる。

内部留保が利益向上につながらないもう一つの重要なことは、会計原則の深刻な欠陥によって起こっている。私たちが住む世界では、お金の購買力が急速かつ大きく変化しているにもかかわらず、私たちが使っている会計原則は、ドルの価値が固定されているものとして処理しているからだ。会計士は、会計とはそうすべきものだと言う。それはそうかもしれない。しかし、貸借対照表とそこに計上されている資産の本当の価値が連動しているべきだと考えると、混乱が生じる。例えて言えば、エンジニアや科学者が二次元の平面幾何学を使って三次元の問題の解決を試みるようなことだ。

具体的に見ていこう。減価償却引当金は、理論的には既存の資産が経済的耐用年数を過ぎれば、それを入れ替えることができる十分な額になっているはずだ。もし減価償却率を適切に計算し、その寿命まで資産の入れ替えにかかる経費が変わらなければ、それも可能だ。しかし、経費が上がり続けるなかで、実際には減価償却した総額が時代遅れの資産を入れ替える経費を十分賄えることはほとんどない。そのため、同じ成果を維持するためには、その差額を内部留保で補う必要が出てくるのである。

この種のことは、すべての投資家に影響を及ぼすことではあるが、通常は、成長企業以外の会社の株主のほうがその影響をより大きく受けることになる。成長企業の場合、新しい資本的資産を取得する（既存の資産や寿命が近い資産を入れ替えるのではなく）スピードが速いため、比較的近い時期に取得した資産を今日の価値に近い金額で減価償却できるからだ。何年も前に、今日の何分の一かの費用で設置した資産が占める割合は低いということである。

内部留保で新工場を建設したり、新製品を販売したりすることが、投資家にどれほどのメリットをもたらすかを詳しく書いても繰り返しになるだけだろう。しかし、投資家のタイプによって恩恵の受け方が違うことをきちんと理解しておくことは、二つの意味で重要である。一つは、これが金融界でも多くの人が誤解していることだからだ。もう一つは、このことを適切に理解すれば、配当の重要性を正しく評価できるようになるからだ。

配当の恩恵を最も受ける人に関する誤解を、架空の例で検証してみよう。XYZ社は経営が順調で、過去数年、安定的に収益を伸ばしてきたとする。配当率はずっと変わっていない。そのため、四年前には配当に収益の五〇％を支出していたが、四年間で収益力が高まった結果、今年は同じ配当を収益の二五％で賄えるようになった。そこで、一部の取締役から、配当を上げたいという声が上がった。しかし、反対派はたくさんある魅力的な投資先に内部留保を投じるべきであると主張した。配当を上げたら、これらの魅力的なチャンスを生かせないし、それをしなければ最高の成長率を維持することはできないと言うのである。そこで、活発な議論がいったん途切れた。

このようなとき、金融界で配当金について信じられている中途半端な事実について発言する人が必ず出てくる。もしXYZ社が配当金を上げなければ、小株主を犠牲にして大株主だけが得をすると言うのである。この言い分の背景には、大株主の多くが高所得者だという前提がある。税率が高い大株主は、実質配当率が小株主よりも低くなるため、大株主は配当の引き上げを望まず、小株主は望むと言うのである。

実は、配当金を上げるのと、より多くの資金を成長のために投資するのとどちらがXYZ社の株主にとって望ましいかは、収入の大きさとはまったく無関係だ。むしろ、この違いは、株主が収入の一部を追加的な投資に回せるかどうかで決まる。高所得者層以外の何百万人もの株主は、毎年、少ない資金を捻出して投資に充てている。彼らの多くが所得税を支払っていることを考えれば、会社が成長を続けるためのチャンスに投資せずに配当金を引き上げることが、小株主の利益に反することは簡単な計算で分かる。反対に、配当金を引き上げれば、追加投資の意欲がある大株主にとっては、たとえ税率区分が高くなっても、偶発的だが予期できる資金として関心を引くだろう。

理由を考えてみよう。株を買うほどの余剰資金を持っている人は、課税対象となる最低限の所得はあると考えられる。つまり、配当免税額の五〇ドルを超えれば、持ち株が最も少ない株主でさえ、追加的な配当には最低二〇％の税金が課される。そのうえ、再投資するにしても株を買えばブローカーへの手数料もかかる。端株の割高な手数料や、最低手数料などを考えれば、これらのコストの割合は少数の株を買う場合、たくさん買うときよりもはるかに高くなる。結局、利益のなかで再投資可能な金額は、受取額の八〇％を大きく下回ってしまうのである。もし株主の税率区分が高ければ、配当金の引き上げによって再投資できる割合はさらに低くなる。

もちろん、大学や年金ファンドのように、所得税がかからないような株主もいる。個人でも、保有株数が少ない人ならば、配当が五〇ドル未満のため控除される人もいる。しかし、このような株主が全体に占める割合はほんのわずかだ。大部分の株主にとって、その規模に関係なく当てはまる配当金に関する基本的な事実がある。それは、もし資金を正しいタイプの株に投資していれば、収益の増加分を会社の経営陣が再投資してくれるほうが、多めの配当を受け取って株主が自分で再投資するよりも高い利益が得られるということだ。

配当を上げないメリットは、税金やブローカーに手数料を払わずにその分の資金を一〇〇％再投資に回せることだけではない。もう一つのメリットは、正しい株を選ぶことが簡単でも、単純でもないということを考えれば分かる。もし今投資しているのが良い会社ならば、それは数少ない優れた会社を賢く選ぶことができたということだ。そのような会社の、優れた経営陣が余剰利益を内部留保の形で追加的に投資してくれるならば、ほとんどの場合、自分でもう一つ同じくらい魅力的な会社を見つけて投資するよりも、リスクは低いと考えられる。つまり、増えた利益を内部留保するか配当にするかは、経営陣が優秀かどうかが重要な要素になる。だからこそ、会社が内部留保を価値ある新しいチャンスに投資しているかどうかは、非課税の株主や少額しか投資していない株主にとっても、課税される株主と同じくらい大事な問題なのである。

このような見方をすると、配当を正しく理解できるようになる。自分の資金から最大の利益を得たいと思う人にとって、金融業界でよく言われている配当の重要性が急速に薄れてきたのではないだろうか。これは、機関投資家が好む成長株を買う保守的な投資家にとっても、高リスク高リターンを狙う意欲も能力もある投資家にとっても、言えることだ。高い配当は安全要素だという人もいる。この言い分は、高利回りの株はすでに平均以上のリターンを上げているため、割高にはなることがない代わりに、大きく下げることもないという理論に基づいている。しかし、これは事実とはほど遠い。私はこのことに関する研究をいくつも読んでいるが、どの研究も株価の上昇率が低い株のほうが配当率は高い、という結果を示している。ほかの面では良さそうな経営陣でも、増益分を再投資できる価値あるチャンスがあるのに、それを犠牲にして配当を増やしているのであれば、注意が必要だ。それは例えて言えば、畜産農家が家畜をコスト比で最高の価格になるまで育てずに、それよりもずっと早い段階で出荷してしまうようなことである。そんなことをすれば、大きな利益を放棄して、目先のわずかな現金しか手に入れることはできない。

ここまでは、配当を支払うかどうかではなく、上げようとしている会社について書いてきた。配当は、たまにしか投資しない人を除けば、ほとんどの投資家が望んでいる。どれほど優れた会社であっても、収益の一部ですら配当に回せないほど素晴らしい成長チャンスがありすぎて、内部留保と優先ローンで集めた資金をそこに投資するだけで手いっぱいというケースはめったにない。もしこのように無配が正当化できる会社に投資することがあるとすれば、そのときは自分の状況に基づいて、どれだけの資金をそこに配分すべきかをよく考えてほしい。いずれにしても、大事なことは、成長が可能な好機を逃してまで配当が強調されているような会社は買うべきではないということである。

ここで、配当についておそらく最も重要なことなのに、最も語られていない話をしておきたい。それは規則性とか信頼性などと言えることだ。賢い投資家は、計画的に行動する。先のことについて、自分の収入でできることとできないことを考えているのである。急に収入を増やそうとはしなくても、収入が減って、突然計画が中断する事態に備えておきたいとは思っている。このような人は、投資先についても、収益のほとんど（あるいはすべて）を自社で再投資する会社と、それよりは少ない一部を再投資してゆっくりでも安定的に成長していく会社のどちらにするかを、自分で決めたいと思っている。

そのような人は、株主対応について賢く方針を決め、そのおかげで高ＰＥＲ（株価収益率）を謳歌している会社を選べば、財務担当者や財務担当副社長の考えがコロコロ変わる会社（よくあるケース）を避けることができる。前者は配当方針を決め、それを変更しないし、株主にもそのことを周知している。配当率が大きく変わることはあっても、方針は変えないのである。

この方針は、会社が最大の成長率を上げるために収益の何％を留保するべきかという考えに基づいている。若くて急成長している会社ならば、何年も配当がなくてもよいかもしれない。しかし、資産が増えて減価償却額が大きくなれば、利益の二五～四〇％を株主に還元していく。古い会社ならば、この還元率は会社によって違う。しかし、配当率を大まかに決めておいても、配当金額を正確に決めることにはならない。つまり、配当金は毎年変わる。しかし、それは株主にすれば長期的な計画が立てられないため、望ましいことではない。株主は、おおよその割合を設定して、定期的（四半期ごと、半年ごと、年ごとなど）に配当が行われることを望んでいる。ちなみに、会社の収益が増えれば、同じ割合でも金額は増えていく。ただ、それができるのは、①配当をしても、優れた成長チャンスに投じる資金が確保できている、②将来業績が低迷したり、追加的な成長チャンスが訪れたりしても、この割合を維持できると信じられる十分な根拠がある――場合のみだ。

明敏な投資家から最も広く支持される会社は、経営陣が最大の注意を払って、配当を維持できる可能性が最も高い場合のみ、それを上げるという配当方針を取っている。配当を引き下げるのは、本当に緊急事態のときだけだ。ところが、一時的な特別配当を承認する財務担当は驚くほどたくさんいる。彼らは、この予想外の特別配当が株価に永続的な影響を与えることがほとんどないにもかかわらず、それを行っている。しかし、このような会社の株価が上がらないのは、一時的な配当がほとんどの長期投資家の希望に反しているからなのである。

配当方針がどれほど賢くてもバカげていても、その方針を継続していれば、それに賛同する投資家を獲得できる。多くの株主は、それが最大の関心事かどうかは別として、配当率が高い会社を好む。しかし、なかには低い配当率を好む人もいれば、無配でもよいという人もいる。あるいは、配当率がかなり低くても、定期的に多少の株式配当が欲しい人もいる。株式配当はいらないし、配当金も低くてよいという人もいる。もし経営陣が自然な選択としてそのような方針を選んだとすれば、その方針が継続することを望む株主が集まってくる。投資先としての株の評価を得たい賢い経営陣は、投資家が望む継続性を尊重しているのである。

もしかしたら、株の配当方針は、レストランの運営方針とよく似ているのかもしれない。レストランの優れた経営者は、価格帯が高い店でも、安くておいしい魅力的な店でも、ビジネスとして成功させることができる。ハンガリー料理や中華料理、イタリアンなどでも可能だ。それぞれの店に常連客がつくからだ。人は、特定の種類の食事を期待してレストランに行く。どれほど腕の立つ料理人がいても、もしある日は超高級料理を出し、翌日は安い定食を出し、その翌日は予告なしにエスニック料理を出すなどということをしていれば、常連客はつかない。会社も、配当方針を頻繁に変えていれば、永続的に保有してくれる株主を呼び込むことはできない。そのような株は、長期投資には向かないからだ。

配当方針が一定ならば、投資家は安心して先の計画を立てることができる。そうなれば、望ましい配当方針についてあれこれ言われていても、投資全体における配当の重要性はさほど高くはなくなる。この見方に意義を唱える金融界の多くの人たちは、配当については見通しもないまま平均以下の利回りを続けていても、株主に大きな恩恵をもたらしてきたたくさんの株があることについて、何も反論できない。このような株については、すでに数例見てきたが、もう一つ典型的な例を挙げるとすればローム&ハースである。この会社は、一九四九年に複数の投資銀行が、外国資産管理局が保有していた大量の株を買い取って再び公開したという経緯がある。公開価格は四一・二五ドルで、当時の配当はわずか一ドルだった。補完的に株式配当（現金でなく株式そのものによる配当）も行われていたが、多くの投資家は保守的な投資先として低利回りの株は魅力がないと感じていた。しかし、この会社は、利回りは非常に低くても株式配当を続け、配当金も頻繁に引き上げたため、今では株価が四〇〇ドルを超えている。公開時に買った株主は、一九四九～一九五五年には毎年四%、一九五六年には三%の株式配当を受け取っており、実質的な含み益は一〇倍をはるかに超えているのである。

実は、優れた株を選ぶとき、配当については最低限しか考慮しなくてよい（最大限ではなく）。これまで配当についてたくさん書いてきたが、一番おもしろいのは、配当について最も考えなかった人が、結果的には最も高い配当利回りを得ている場合が多いということだ。大事なことなので繰り返し書いておくが、五～一〇年の期間で見た場合、最高の配当リターンを上げるのは高利回りの株ではなく、比較的低利回りの株なのである。特に利益率が高いのは、並外れた経営陣が立ち上げたベンチャー企業で、収益の低い割合しか配当に回さない方針を維持しつつ、実際の配当金額は少しずつ高利回りの株を超えていくような会社である。このような理にかなった自然な成長は、その後も続いていくと考えてよいだろう。

第8章　投資家が避けるべき五つのポイント

一．創業間もない会社は買わない

投資で成功するうえで最も重要なことは、新製品や新しい工程を開発したり、新たな市場を開拓したりしている会社を見つけることだ。そして、創業間近の会社や、創業間もない会社の多くは、まさにそれだけを目指している。新会社の多くは、さまざまな新しいアイデアをさらに進化させようとしている。多くは、素晴らしい成長の可能性が期待できる電気電子の分野などで事業を始めたり、成功すれば素晴らしい利益が上がる鉱物やそのほかの天然資源の発掘を目指したりしている。このような若い会社は、まだ営業利益を上げていなくても、一見、投資する価値があるように見えるものだ。

新しい会社については、もうひとつ、よく耳にする議論がある。株が上場されたときに買えば、「最初から参加できて有利」だというのだ。成功した会社の株価は、今では公開時の数倍になっている。そのため、なぜ利益を他の人に譲って待つのかというのである。それよりも、いつもの優れた会社探しの方法を使って、同じ質問と判断基準で売り出し中の優れた新会社を探せばよいのではないだろうか。

投資の観点から言えば、どのような会社でも、少なくとも二～三年の事業活動を行い、一年間、既存の会社とはまったく違う分野で営業利益を上げた実績がないかぎり、投資すべきではないと私は考えている。これはたとえ年間売り上げが一〇〇万ドル以下の小さな会社であっても言えることだ。既存の会社は、組織に必要な主な部門がすでに機能しているため、投資家は生産現場や売り上げ、費用、会計、経営陣のチームワーク、それ以外の業務のさまざまな側面を実際に見ることができる。また、その会社の強みや弱みについて、定期的に観察できる立場にある人から意見を聞けることは、もっと大事かもしれない。一方、設立間もない売り出し中の会社について投資家やそれ以外の人ができることは、計画を見て、問題点や強みを推測することくらいだ。ただ、これは思ったよりもはるかに難しく、間違った結論に至る可能性がはるかに高くなる。

実際、どれほど能力が高い投資家でも、実績のない会社を評価するのは、既存の会社を判断する場合の「平均打率」と比べれば、その何分の一かの精度にすら達しない。売り出し中の若い会社は、大きく成長する過程のある段階まで、素晴らしい才能を発揮する一人か二人の人間を中心に動いているが、会社としてそれと同じくらい不可欠な才能ある人材が欠けている場合がほとんどだからだ。例えば、ある経営者は営業には長けていても、会社経営に必要なほかの能力を持っていないかもしれない。さらによくあるのは、投資家タイプや生産者タイプの経営者が、最高の製品を作っても優れた販売力がなければ事業は成り立たないことをまったく分かっていないケースだ。しかし、一般投資家が若い会社やその経営者に不足している能力を教える立場になることはほとんどない。彼らに必要な人材を探す手助けをする機会はさらに少ない。

このような理由から、売り出し中の新会社が大変魅力的に見えたとしても、彼らへの資金援助は専門家のグループに任せるべきだと私は考えている。専門家は、経営の才がある人材を投入して、業務を展開する過程で新会社の弱点を見つけだし、強化していくことができる。このような人材を提供できない人や、経営陣に手助けを活用する必要性を説得できない人は、新しい会社に投資してもたいていは幻滅することになるだろう。既存の会社のなかに素晴らしいチャンスが十分あることを考えれば、普通の個人投資家は売り出し中の新会社がどれほど魅力的に見えても買わない、というルールを決めるべきである。

二．「店頭株」だからという理由だけで良い株を無視しない

証券取引所に上場している株と上場していない株の魅力の違いは、流動性の違いと密接な関係がある。流動性はとても重要だ。通常、株を買うときは、必要なとき（資金的な理由でも個

人的な理由でも）に売れるものに限るべきである。しかし、何が適切な安全性なのかを正しく理解していない投資家もいる。そのことが、証券取引所に上場されていない株、つまり「店頭」株の評価をさらに混乱させている。

混乱の理由は、この四半期で株の買い方が大きく変わったことにある。この変化によって一九五〇年代のマーケットは、少し前の一九二〇年代のバブル相場と比べてもまったく様変わりしてしまった。一九二〇年代の大部分とそれ以前の時代、株式ブローカーの顧客は比較的少数のお金持ちだった。ほとんどの買いは機関投資家で、注文はたいてい一〇〇〇株単位だった。目的は、さらに高く売り抜けることで、当時は投資と言うよりもギャンブルに近いものだったのである。信用買い（借りた資金で買うこと）も広く行われていた。今日、株はほとんどが信用取引でなく、現金決済で取引されている。

波乱の多いマーケットを整備するため、さまざまな変革が行われた。所得税や相続税の増税はその一環だ。さらに重要な影響を及ぼしたのが、アメリカ各地で起こっていた所得平準化の動きだった。これによって、超富裕層と超貧困層の人数は、毎年減っていった。そして、中流層の数が増えていった。それに伴い、大量の株を買う顧客もだんだん減っていき、それ以上に個人投資家の客が増えていった。この時期、もう一つのクラスの買い手である機関投資家も大幅に増えた。投資信託や年金・利潤分配信託、そして一部の大銀行の信託部門などである。彼らは、数少ない機関投資家の資金を運用するというよりも、むしろ、数少ないプロのマネジャーとして、無数の個人投資家の買い手の蓄えを委託されて運用している。

これらの出来事や、それをもたらした状況など、さまざまな要因が合わさって、法律や制度の基本的な改革が起こり、それが株式市場にも変化をもたらした。過去の株式市場で蔓延していたギャンブルに拍車をかけるような株価操作やプール操作などを防止するために、ＳＥＣ（証券取引委員会）が設立された。規制によって、信用買いもそれまでの何分の一かに減った。そして、何より大事なことは、先述のとおり、会社自体がそれまでとはまったく変わったことである。これも前に説明したことだが、今日の会社は、すぐに売り抜けたい人よりも、長期間の成長を望む投資家に適した組織になっているのだ。

そして、これらのことすべてがマーケットを大きく変えた。株式市場が素晴らしく改善されたことは間違いない。ただ、その改善で犠牲になったのが株の市場性だった。平均的な株の流動性は上がるどころか、下がってしまったのである。経済は目覚ましく成長し、株式分割が繰り返し行われていたにもかかわらず、ＮＹＳＥ（ニューヨーク証券取引所）の出来高は減少していった。小さい取引所に至っては、取引がほとんど枯渇してしまったのである。かつて大勢いたギャンブラーや転売を繰り返すトレーダー、そしてプール操作を出し抜こうとする「カモ」のたぐいの連中は、健全な経済を担う存在とは言えなかった。ただ、彼らもマーケットの活性化という意味では貢献していたのである。

私は言葉にあまりこだわるほうではないが、この流れによって「株式ブローカー」が後退し、いわゆる「株式セールスマン」が台頭した。株に関して言えば、ブローカーの仕事は、一種のオークションである。まず、すでに投資先を決めている顧客から買いの注文を受け、自分や仲間のブローカーが受けた注文のなかからそれに見合う売りを探す。この過程は、あまり時間がかからない。それに、機関投資家の注文が入れば、一株ごとの手数料は小さくなっても、総利益は大きくなる。

ブローカーと比べて、株のセールスマンは毎回、時間をかけて顧客に株を買うよう説得しなければならない。しかし、一日の時間は限られている。そのため、ブローカーと同じ利益を上げるためには、どうしても手数料が高くなる。特に、少数の機関投資家ではなく、大勢の個人投資家を担当している場合はそうなる。そして、今日の経済状況では、ほとんどのセールスマンが個人投資家相手に商売せざるを得ない。

証券取引所は、今でも主に株式ブローカーのために（株式セールスマンではなく）運営されている。彼らの手数料率は以前よりも上昇した。ただし、その上昇率は、ほかのタイプのサービスと同じ程度だ。一方、店頭株のほうは仕組みがまったく違う。まず、NASD（全米証券業協会）の担当者が、毎日その地域の新聞に、その地域の株主が関心を持ちそうな非上場株の長いリストとその株価情報を提供する。これらの情報は、それぞれの店頭株を最も活発に取引している証券会社と緊密に連絡を取り合って集めたものである。証券取引所が提供している株価と違い、店頭株の株価レンジは実際に取引された価格ではない。すべての取引が集計される決済場所が存在しないため、データがないのである。つまり、これは売りと買いの気配値だ。これらの数字は、最も高く買おうとしている証券会社が出した株価と、最も安く売ろうとしている株価だとされている。

これらの気配値を詳しく見てみると、ここに載っているビッド、つまり買い気配値は、通常、その気配値が提供された時点でその株を買えた価格とかなり近くなっている。一方のアスク、つまり売り気配値のほうは、たいてい証券取引所における上場銘柄の手数料よりも数倍高い金額がビッドに上乗せされた株価になっている。この差は、店頭株を扱う証券会社が買い気配値で買い、その株を売るために時間を費やしたセールスマンに適切な手数料を払い、それ以外の人件費を支払ってもある程度の利益が出るようにするための金額になっている。ただ、もし顧客（特に機関投資家の）が直接、株を買いに来た場合は、セールスマンの手数料がかからないため、買い気配値に証券取引所と同程度の手数料を足したくらいの金額で買うことができる。ある店頭株ディーラーの言葉を借りれば、「買いサイドのマーケットは一つだが、売りサイドは二つある。私たちは、売りや買いの株数やサービスによって、小売りと卸売りの両方を兼ねている」。

このシステムは、悪徳ディーラーの手にかかれば明らかに悪用される。しかし、それはほかのシステムでも同じことだ。それでも、投資家がほかの専門家を頼むときと同じように注意深く店頭株ディーラーを選べば、驚くほどうまくいく。平均的な投資家は、買うべき株を選ぶ時間も能力もない。しかし、ディーラーは自社で売る株についてはセールスマンを細かく指導し、実質的に投資顧問のようなサービスを提供している。つまり、そのコストは払う価値があると考えてよい。

しかし、もっと洗練された投資家にすれば、このシステムの本当のメリットは買うときではなく、所有したい非上場株の流動性や市場価値が高まることだ。動きの多い銘柄についてはディーラーもある程度の利益率が期待できるため、多くの店頭株ディーラーが通常取り扱っている銘柄の在庫を持っている。五〇〇～一〇〇〇株単位で用意している場合も珍しくない。もし彼らが好む銘柄が大量に入ったときは、営業部隊が一斉にその銘柄の売買を推奨することもある。通常、このようなとき、彼らは一ポイント程度の特別な販売手数料を課す。つまり、店頭株であっても、二社以上の優秀な店頭株ディーラーで常にトレードされていれば、ほとんどの投資家のニーズを満たす十分な流動性がたいていは確保されているということだ。供給量にもよるが、大量の株を動かすときは特別な販売手数料がかかる場合もある。しかし、それでも売却金額と比べればわずかな手数料を支払うだけで、投資家はマーケットに参入することなく売りたい株を現金に換えることができるのである。

これを、証券取引所に上場されている株の市場性と比較するとどうなのだろうか。答えは、銘柄と取引所によって違う。ＮＹＳＥで活発に取引されている大型株ならば、今日の状況でも十分大きなマーケットがあり、平時ならばよほどの機関投資家でもないかぎり、株価に影響を及ぼすことなく、低い手数料で売買が可能になっている。しかし、NYSEに上場していても、あまり活発に売買されていない銘柄ならば、流動性はそれなりにあっても、通常の手数料で機関投資家の売りが入ると流動性がかなり低下することもあり得る。そして、小規模の取引所に上場している株については、あくまで私の意見だが、市場性がかなり悪化することが頻繁にある。

証券取引所もこの状況を認識し、対策を講じている。最近では、取引所が通常どおり取り扱うには大きすぎる注文が入ると、「特別売り出し」などの手段が許可される場合もある。これは簡単に言えば、その銘柄の売りをすべての会員に周知し、売った人に所定の高めの手数料を支払うという方法だ。要するに、ブローカーだけで処理できないほど膨大な株数の場合は、ブローカーを鼓舞するためにセールスマン並みの手数料を支払って売却するのである。

このような事情から、注文を受けるだけのブローカーではなく、セールスマンを通じて株を買う人が増えている今の時代、上場株市場と非上場株市場にある溝は以前よりも狭まっている。ただ、これはNYSEに上場している有名企業の大型株の市場性が、質の高い店頭株と同じだということではない。しかし、質の高い店頭株がAMEX（アメリカン証券取引所）やそのほかの地方の証券取引所に上場している多くの銘柄よりも流動性が高くなることは、頻繁にあり得る。こう言うと、小規模の証券取引所の関係者は心から異議を唱えると思う。それでも、事実を偏見なく調べれば、これが本当のことだと分かるはずだ。近年、いくつもの進歩的な中小企業が小規模の取引所への上場を拒んでいるのはそのためだ。彼らは「ビッグボード」、つまりNYSEに上場できる規模になるまで、あえて店頭市場にとどまっているのである。

簡単に言えば、店頭株を買うときのルールも、上場株とあまり変わらない。まず、正しい銘柄を注意深く選ぶ。次に、誠実なブローカーを注意深く選ぶ。その二つを十分な根拠を持って行えば、取引所に上場していない「店頭」株であっても恐れず買ってよいのである。

三、年次報告書の「雰囲気」が良いというだけで株を買わない

投資家のなかには、自分がその株を選んだ理由を注意深く分析していない人がいる。実は、株を選ぶときに、年次報告書の株主に向けたコメントの言葉や体裁に影響される人が驚くほどたくさんいる。年次報告書の雰囲気は、経営陣の理念や方針や目標を、その年度の監査済の財務諸表と同じくらい正確に表しているのかもしれない。しかし、それはもしかしたら会社が与えたいイメージを有能な広報部門が作り上げているだけなのかもしれないのだ。社長が実際に文章を書いているのか、それとも広報部が代筆しているのかは確認しようがない。ただ、目を引く写真や美しいグラフが、必ずしも結束の強い優秀な経営陣が熱意を持って経営に当たっていることを示しているわけでもないのである。

年次報告書の全体的な内容や雰囲気に影響を受けて株を買う判断を下すのは、目を引く広告を見てその製品を買うのと似ている。実際に買ってみると、広告どおりの魅力的な製品かもし

れないし、そうでないかもしれない。価格が安い製品ならば、本当に良いものか確かめるために買ってみるのもよいだろう。しかし、株の場合、ほとんどの人は衝動的に買ってみるほどお金持ちではない。最近の年次報告書の多くは、株主の好感度を上げることを意図して作られているということを覚えておいてほしい。そのため、表面的なことに惑わされず、その根底にある事実を見極めることが重要だ。販売ツールはみんなそうだが、会社も「できるだけ良い印象」を与えようとする。その会社が抱えている問題や事業の難しさをすべて公平に紹介することはほとんどない。たいていは、楽観的すぎる書き方になっている。

しかし、もし年次報告書の好ましい雰囲気に影響されすぎるべきでないならば、その反対の場合はどうだろうか。印象が悪い場合は、それを信じてよいのだろうか。これもたいていは違う。どちらも、包装紙を見て中身を評価しようとするようなことだ。ただし、重要な例外が一つある。このような報告書に、投資家にとって重要な情報を適切に載せていない場合だ。そのような方針の会社は、投資先として成功をもたらす環境が整っていない可能性が高いと考えてよいだろう。

四．高ＰＥＲは必ずしも今後、収益がさらに増えることを示しているわけではない

投資の理由として、よくある高くつく間違いについても書いておく。これについては、架空の会社ＸＹＺ社を使って説明する。この会社は、一五のポイントを何年にもわたって満たしてきた。売り上げと利益は三〇年間安定的に成長し、将来の成長を期待できる新製品の開発も十分進んでいる。金融界でもこの会社の素晴らしさは十分に認識されていて、何年も前から株価が収益の二〇～三〇倍で推移している。これは、一ドルの収益に対する株価が平均的な株（例えば、ダウ平均銘柄）の二倍近いということである。

現在、この会社のＰＥＲ（株価収益率）が、ダウ平均のちょうど二倍になっているとする。つまり、この銘柄の株価は、一ドルの収益で見た場合、ダウ平均構成銘柄の二倍ということだ。最近、ＸＹＺ社の経営陣が次の五年間で収益が二倍になるという予想を発表した。これまでの実績を考えれば、この予想は妥当に思える。

このとき、驚くほどたくさんの投資家が間違った結論に達する。ＸＹＺ社のＰＥＲが平均的な株の二倍で、収益が二倍になるのが五年先ならば、現在の株価は将来の収益増を織り込んでいるから割高だというのである。

五年先までの収益を織り込んだ株価が割高なのかどうかは、だれにも分からない。ただ、そ

の理由を五年後のXYZ社のPERがそのときのダウ平均と同じだという前提で考えるのは間違っている。この株は三〇年間、優れた会社を支えるさまざまな要因によって、ダウ平均のPERの二倍で売買されてきた。そして、この会社を信じて投資してきた株主に報いてきた。経営陣が同じ方針を維持していけば、彼らは五年後にさらなる新製品を開発して、一〇年、二〇年前と同様に、一〇年後も利益を増やしていくだろう。しかし、そうであれば、この株の五年後のPERがこれまでのようにダウ平均の二倍になってしかるべきである。もしそうなって、それ以外のすべての株のPERがほぼ変わらなければ、XYZ社の収益が五年後に二倍になると、株価も五年間で二倍になるはずだ。これらのことから、この株のPERが平均と同じならば、将来の収益を織り込んでいるとは必ずしも言えないのである。

ここまでは明らかだ。しかし、周りを見回すと、洗練されていると言われている投資家のなかにも、PERがどこまで先の成長を割り引いているのか理解していない人がかなりいるのではないだろうか。特に、分析対象の会社の環境が変化しているときはさらに注意が必要だ。ここで、XYZ社とは別のABC社を見ていこう。二つの会社はほぼ同じ条件を備えているが、唯一の違いはABC社のほうがより新しい会社ということだ。金融界でファンダメンタルズが素晴らしい会社として認識され、PERがダウ平均銘柄の二倍になったのはほんの二年前のことだ。しかし、多くの投資家にとって、以前は低かったPERが今高くなっていても、それが将来の成長を気まぐれに織り込んでいるのか、それとも会社の本質的な質を反映しているのかを確認することは不可能なのである。

ここで大事なのは、会社の本質をきちんと理解し、特にこれから何年か後に何が期待できるのかを考えることだ。もし今後の急成長が一時的なことで、今の収入源が枯渇したときに、それまでと同様の成長をもたらす新たな収入源が開発される見込みがない会社ならば、状況はまったく違う。その場合は、高ＰＥＲが将来の収益を織り込んでいることになる。今の急成長が終わったら、ＰＥＲは再び平均的な水準に下がるだろう。しかし、その会社が意図的かつ安定的に新たな収益力を開発し、その業界にもそれまでのような急成長を遂げる余地があれば、五年後や一〇年後のＰＥＲは今日の平均的な株を確実に上回っているだろう。このような種類の株は、多くの投資家が思っているほど将来の利益を織り込んではいない。つまり、一見、割高に見えても、調べてみると実は非常に割安なのかもしれない。

五．買値のわずかな差に固執しない

これまで、いくつか架空の例を使って説明をしてきたが、今回は実例だ。二〇年以上前に、あらゆる点で高い投資能力を持っていそうに見える人が、ＮＹＳＥに上場されているある銘柄を一〇〇株買うことにした。彼が買おうと決めた日、その株は三五・五ドルで引けた。その翌日も同じだった。しかし、彼は少し高いと思った。投資資金をあと五〇ドル抑えたかったのだ。

そこで、三五ドルちょうどで注文を出し、そのあとも買値を変えなかった。しかし、結局、株価は三五ドルまでは下げなかった。この株は、それから約二五年たった今日でも非常に前途有望で、配当と分割を重ねた結果、今では五〇〇ドル以上になっている。

つまり、この投資家は五〇ドルを節約しようとして、少なくとも四万六五〇〇ドルの利益を取り逃したのである。さらに言えば、四万六五〇〇ドルは確実に手に入った利益だった。なぜなら、彼はその前にさらに安く買った分をいまだに保有しているからだ。四万六五〇〇ドルは五〇ドルの約九三〇倍なので、この投資家は五〇ドルをあと九三〇回節約しなければ、この損失を埋め合わせることはできない。わずか五〇ドルに固執して、これほどのチャンスを逃すのは、明らかにバカげている。

この例は、極端な話ではない。今回も、あえてマーケットを牽引する銘柄ではなく、むしろマーケットを下回っていた銘柄のケースを選んでいる。もしあのとき彼がＮＹＳＥに上場していたそれ以外の五〇の成長銘柄のどれかに、五〇ドルを節約して三五〇〇ドルを投資していれば、四万六五〇〇ドルをさらに上回る利益が上がっていたということだ。

二〇〇〜三〇〇株程度を買う個人投資家にとって、ルールは簡単だ。正しいと思った株が、比較的割安な水準にあるときは、「成り行き注文」で買うということだ。〇・一二五ドルや〇・二五ドルや〇・五ドル多く支払っても、買わないで逃す利益と比べればわずかなものである。もしその株にそこまでの長期成長の可能性がなければ、投資家はそもそもそれを買おうとはしていないはずだ。

ただ、一〇〇〇株単位で買う機関投資家の場合はそう簡単ではない。ほとんどの銘柄は、買える株数がある程度限られているため、望む量の半分でも成り行き注文で買えば株価がある程度上がってしまう可能性がある。そして、この株価の急上昇がさらに二つの効果を生み、それがまとまった買いをさらに難しくする。まず、株価の急騰は、ほかの買い手の関心と競争を喚起する。次に、売ろうとしていた人もさらなる上昇を期待して保有し続けることにするかもしれない。そうなったとき、買い手はどうすべきなのだろうか。

その場合は、ブローカーや証券ディーラーに依頼すればよい。このとき、ブローカーに買いたい株数を伝え、できるかぎり株を集めつつも、株価が上がりそうなときは、個人投資家の売りは見送るように伝える。そして、何よりも大事なことは、直近の売値の少し上くらいまでの範囲でブローカーに完全に任せることである。どれくらい上までかは、買いたい株数や、その株の通常の動きや、買いの熱意や、そのほかの要素などを考慮して、ブローカーやディーラーと相談すればよいだろう。

なかには、このようなことを任せられる十分な判断力や思慮深さを持ったブローカーやディーラーが身近にいないと感じている人もいるだろう。その場合は、安心して任せられるブローカーやディーラーをすぐに探してほしい。これこそ、まさにブローカーや証券ディーラーのトレード部門が果たすべき役割なのである。

第9章　ほかにも避けるべき五つのポイント

一．分散しすぎない

投資原則のなかで、分散ほど広く賛同を得ているものはない。株式ブローカーでさえ理解できるくらい単純な概念だからだ、などと言う皮肉屋もいるくらいだ。いずれにしても、平均的な投資家はその影響を受けて、不適切な分散をすることになる可能性が高い。「すべての卵をひとつの籠に入れておいた」人の悲劇について、いつも聞かされているからだ。

しかし、ほとんどの人は逆の悲劇について十分考えていない。たくさんの籠に卵を入れておくのが不利なのは、結局、魅力のない籠ばかりに卵が入っていることになってしまったり、そのすべてを見張っておくことができなかったりするからだ。例えば、二五～五〇万ドル相当の株を保有している人のなかで、二五銘柄以上に投資している人が恐ろしいほどたくさんいる。この二五以上という数が恐ろしいのではない。恐ろしいのは、ほとんどの場合、持ち株のなかに投資家やその投資顧問が詳しく理解している魅力的な銘柄がほんのわずかしかないことだ。分散を過大に勧められた投資家は、一つの籠にたくさんの卵を入れるのが怖くなり、詳しく理解している会社には少ししか配分しないで、まったく知らない会社に過大に配分してしまうのだ。彼らも投資顧問も、よく知らない会社を買うのは不適切な分散よりも危険だということに気づいていないようだ。

それでは、分散はどこまでが必要で、どこからが危険なのだろうか。これは歩兵がライフル銃を三角垂状に立てておくのに似ている。ライフルは二挺ではしっかり立たないが、五挺か六挺をきちんと配置すれば安定する。しかし、それが五〇挺になっても、安定度は五挺のときとさほど変わらない。一方、株の分散と、ライフルを立てるのには大きな違いもある。ライフルの場合、種類にあまり関係なくしっかりと立てることができる。しかし、株の場合は保有する株によってどこまで分散すべきかが変わってくるからだ。

例えば、ほとんどの大手化学メーカーは、会社の内部でかなりの分散ができている。化学メーカーの製品は、化学分野に分類されるかもしれないが、なかにはまったく違う業界の製品とも言えるようなものもある。そのため、製品によって製造にかかわる問題もまったく違ってくる。販売する顧客のタイプも違うため、競合他社も違う。さらに言えば、ある一つの製品が幅広い顧客層に買われていることもあり、そこでもかなりの分散がなされている。

また、経営陣に幅広さと厚みがあるかどうか、つまりワンマン経営からどれほど進化しているかも、そもそも分散による防御がどれくらい必要かを決める重要な要素になる。最後に、かなり市況的な業種の会社、つまり景気状況によって業績が影響を受ける会社の株を保有する場合は、景気の影響を受けない会社を保有するときよりも広めに分散して、ポートフォリオのバランスをとる必要がある。

株によって社内分散がどれだけできているかが違うため、平均的な投資家が最適な成果を上げるために、最低どれだけ分散すべきかについて絶対的なルールを作ることはできない。また、投資先の業界の兼ね合いも考えなければならない。例えば、ある投資家が一〇銘柄に均等に分散したとしても、そのうちの八銘柄が銀行株ならば、分散の意味をなしていないかもしれない。しかし、もし一〇銘柄がまったく関連のない業界の銘柄ならば、必要以上に分散しているのかもしれない。

そのため、分散はケースによって違い、厳密なルールはないということを認識したうえで、超小口の個人投資家を除くすべての投資家に必要な最低限の分散について、おおまかな指針を提案しておく。

A．安定した大手企業のなかから適切に選んだ成長株に投資するケース

典型的な銘柄は、すでに紹介したダウ、デュポン、ＩＢＭなどである。この場合、分散は最低五銘柄で十分かもしれない。つまり、最初の投資資金の二〇％まで一つの銘柄に投資できる

ことになる。ただし、株によって成長速度が違うため、一〇年後に一つの銘柄の市場価値が四〇%になっていてもまったく問題はなく、むしろ調整すべきではない。もちろん、これはその銘柄をよく理解したうえで、将来もこれまでと同じか、それ以上の成長が見込めるという場合の話である。

最初の投資資金の二〇%を一つの銘柄に投資するという指針は、五つの会社の製品ラインが少ししか重なっていないというのが前提だ。もし五社の一社がダウならば、別の一社がデュポンでもまったく問題はない。この二社の製品はほとんど重複したり競合していないからだ。ちなみに、もしダウと同じ分野の競合する会社であっても、十分な理由があれば賢い買いなのかもしれない。同じような活動をしている会社を長年保有すれば、両方で非常に大きな利益が上がることもある。ただ、その場合は基本的な分散がなされていないことを自覚し、その業界に影響する問題に警戒を怠らないようにしておかなければならない。

B．安定した大手企業とリスクが高い若い成長企業の中間に位置する会社に投資するケース

ここでの若い会社とは、ワンマン経営ではなく、優秀な経営陣がいる会社である。年間売り上げが一五〇〇万ドルから一億ドル規模の事業を展開し、業界での地位を確立している。分散という意味でバランスをとるならば、Aタイプの会社一社に対してこのタイプならば少なくと

も二社は必要だ。つまり、もしすべての投資先をBのタイプにする場合は、全部で一〇銘柄は必要で、それぞれに資金の一〇％を配分することになる。ただ、このグループのリスクは、会社によってかなりの差がある。そのため、本質的なリスクが高そうな銘柄の場合は一〇％ではなく、八％にとどめておくほうが賢明かもしれない。いずれにしても、Bタイプの会社への配分は、投資資金の八〜一〇％としておけば（Aタイプの二〇％ではなく）、最低限の分散にはなるだろう。

Bタイプは、Aタイプのような大企業よりも少し見つけにくいと思う。そこで、このタイプの典型例として、私が詳しく観察する機会があった会社をいくつか紹介しておく。

まずは、本書初版で書いたことと、その会社が今日どうなっているかを見ていこう。Bタイプの最初の会社は、P・R・マロリーだ。

P・R・マロリー・アンド・カンパニー・インクは、驚くほど社内で分散されている。この会社の主力製品は、電気電子業界や電機業界用の部品、特殊金属、電池などである。この会社の主要な製品は、それぞれの業界の重要な要素になっており、そのなかのいくつかの製品については最大の生産者でもある。多くの製品（例えば、電子部品や特殊金属）を、アメリカで最も急成長している業界に供給しているマロリーは、今後も成長が続くと考えられる。この一〇年で生産量は四倍になり、一九五七年の売り上げは約八〇〇〇万ドルに達した。このうちの三分の一は入念な計画に基づいて買収した外部企業によるもので、三分の二は内部成長によるものである。

この間の利益率は、Bタイプの会社としては若干低めだが、その一因は平均以上に支出している研究費にある。これについては、すでに対策が取られており、大きな改善の兆しが見え始めている。社長の強力なリーダーシップの下で、経営陣は個々の能力を発揮し、近年は人材の厚みもさらに増している。マロリーは一九四六～一九五六年の一〇年間で株価が五倍になり、PERは一五倍前後になっている。

投資家の視点で見ると、マロリーの最も重要な要素は、社内ではなく、三分の一を所有する予定のマロリー・シャロン・メタルス・コーポレーションなのかもしれない。この会社は、マロリー・シャロン・チタニウム・コーポレーション（P・R・マロリーが半分を所有する会社で、すでに大いに関心を引く存在になっている）と、ナショナル・ディスティラーズの原料部門を統合して発足することになっている。新会社は、一体型チタンを最低コストで生産できる会社になる予定で、成長が期待できる若い業界で中心的な役割を担うと考えられている。また、この会社は一九五八年に、商業的に意義深い初めてのジルコニウム製品の生産を開始し、ほかの新しい「夢の金属」（例えば、タンタル、コロンビウムなど）についても、社内にかなりのノウハウを蓄積している。マロリーが部分的に所有するこの会社は、一つの金属だけではなく、複数の金属の世界的なメーカーになる見込みで、それによって次の時代を担う原子、化学、誘導ミサイルなどの分野で、ますます大きな役割を果たすことが期待されている。そのため、この会社は大きな価値を持つ資産としてマロリー本体の成長も支えていく可能性がある。

もし二年あまりが経過した今、この文章を書くとしたら、少し違ったものになる。三分の一を所有するマロリー・シャロン・メタルス・コーポレーションの貢献については、若干控えめになるからだ。もちろん、二年前の予想はすべて今でも有効だ。ただ、特にチタンに関しては、ある程度の市場ができるのに、二年前に想定したよりも時間がかかりそうなのである。

一方、マロリー本体に関しては、関連会社で抑えた分をこちらで強めて書きたいと思う。初版に、経営陣の厚みが増したと書いたが、それはこの二年の間にも大きく向上した。耐久消費財の部品を供給していたマロリーは、景気が大きく後退すれば収益が悪化すると思われていたが、経営陣は一九五八年の厳しい状況のなかでも並外れた機敏な対応で、前年、史上最高だった一株当たりの利益の二・〇六ドルに対して、一・八九ドルを確保したのだ。そして翌一九五九年には利益を急回復させ、再び二・七五ドル辺りで最高利益を更新すると発表している。しかもこれは比較的新しい部門に、以前ほどではなくても、いまだかなりの経費がかかっているなかで達成した数字だ。この状況を見れば、経済全般がある程度の繁栄を続けるかぎり、マロリーは一九六〇年もかなりの増益が期待できるだろう。

実は、マロリー株は本書で取り上げた例のなかでは珍しく、今でもパフォーマンスがマーケットを下回っている銘柄だ（上回っているのではない）。この会社は、日本の電子部品メーカーが台頭してきたときも、競合他社よりはうまく対応したと思うが、もしかしたら、この脅威が株価の伸びを抑えているのかもしれない。もう一つの理由は、いくつもの業種にかかわるこの会社は一つの業種に分類するのが難しいため、金融界の関心が向きにくいのかもしれない。ただ、これはいずれ変わるだろう。電子機器の小型化が着実に進むなかで、小型電池も素晴らしい成長分野の仲間入りをしそうだという認識が広がっているからだ。いずれにしても、初版執筆当時は三五ドルだったこの株が、その後二回、二％の株式配当を行い、今では三七・二五ドルになっている。

次は、初版で取り上げたもう一つのBタイプの株を見ていこう。

ベリリウム・コーポレーションも、Bタイプの投資先の好例だ。社名が若い会社のような印象を与えるため、知らない人の多くは実際よりもリスクが高いと思っている。この会社は、ベリリウム銅やベリリウムアルミの母合金を低価格で生産できる唯一の会社で、それを棒鋼や鋼板や押出し形鋼に二次加工するだけでなく、工具などの完成品も製造している。一九五七年までの一〇年間で売り上げは約六倍の一六〇〇万ドルに達した。売り上げのなかでも伸びているのは、電子製品や、計算機、そしてこれから急成長が見込めそうなさまざまな業界に関連する製品だ。新たに重要な用途が出てきたベリリウム銅製ダイスなども重要な販売品目になり始めており、過去一〇年間の成長率が今後の展望も示唆しているように見える。過去五年間、PER（株価収益率）がおおむね二〇倍で推移してきたのも納得できる。

この先も成長が続くことを示唆する出来事もあった。アメリカ空軍の研究機関で政府が所有するランド・コーポレーションが、まだ分野として存在しないに等しいベリリウム金属の構造用素材について、一九六〇年代には重要な役割を果たすようになるという見通しを発表したのだ。ちなみに、ランド・コーポレーションはさまざまなことについて予想をしているが、なかでも戦後すぐにチタンの開発について当てたことで知られている。

いずれ伸びそうなベリリウムの建材よりも早く期待できるのが、一九五八年に大量生産に踏み切る新製品だ。原子力分野で利用されるこの新製品は、それまでの母合金の生産ラインとはまったく別の工場で、米原子力委員会との長期契約に基づいて生産されている。官民両方の需要がある原子力産業への参入は、大きな成長が見込める。経営陣も注意深く状況を見極めている。そのことを示すように、一五のポイントのなかで一つだけ評価が低かったポイントについても、欠陥を認識し、すでに改善策がとられている。

マロリーと同様、ベリリウムでもこの二年間で、私が初版で書いたことを上回った面もあれば、下回った面もあった。しかし、全体で見れば上回ったことのほうがはるかに大きいため、この会社が正しく事業投資をしてきたことが分かる。二年前の予想を下回ったのは、ベリリウム銅製ダイスの展望が期待したほどではなく、合金全体の長期的な成長見通しも、以前に書いたときほど底堅くなかったことだ。また、これから二～三年の原子力産業におけるベリリウムの需要も、当時の予想よりは若干減っている。しかし、それをはるかに上回る可能性があるのが安定的に増加する兆しを見せている飛行機関連の需要で、今後劇的に増加するかもしれない。需要の芽はすでにある。この金属は、さまざまな分野で、さまざまな種類の製品に使われており、それがどこまで広がるのかはだれにも分からない。ただ、魅力的な分野になると、競合する画期的な技術が、別の業界の会社からも生まれる恐れがあり、そう考えると、そこまでの安心材料ではないのかもしれない。しかし、幸いなことに、マロリーは一五のポイントのなかで唯一弱かった部分を大幅に強化した。それが、研究部門である。

これらの変化に、株価はどう反応したのだろうか。初版の執筆時の株価は一六・一六ドルで、そのあと何回も株式配当があり、今日では六四％上昇して二六・五ドルになっている。

そのほかにも、私が詳しく調べた会社ではないが、経営陣や業界での地位や成長の可能性などを見ると、Bタイプの良い候補になるさまざまな性質を備えていそうなのが、フート・ミネラル・カンパニー、フリーデン・カルキュレーティング・マシン・カンパニー・インク、スプラグ・エレクトリック・カンパニーなどである。これらの会社はどれも、長年の株主にとっては、すでに非常に望ましい投資先になっている。スプラグ・エレクトリックは、一九四七～一九五七年で株価が約四倍になった。フリーデンは、一九五四年のＩＰＯ（新規株式公開）から三年弱で約二・五倍になった。この会社は、IPOの一年前に非公開で機関投資家の取引があったと言われているが、そのときの株価から見れば、一九五七年には四倍以上になっていた。この上昇率でもほとんどの投資家は満足すると思うが、フート・ミネラルはそれどころではない。フートは、一九五七年の初めにNYSE（ニューヨーク証券取引所）に上場し、その前は、店頭で取引されていた。株式を公開したのは一九四七年で、当時の株価は約四〇ドルだった。一九四七年のIPOで一〇〇株買っていれば、その後の株式配当や株式分割を経て、今ではそれが二四〇〇株に増え、株価は約五〇ドルで推移しているのである。

C．成功すれば素晴らしい利益につながるが、失敗すればほとんど（またはすべて）の資金を失うかもしれない小型株に投資するケース

前述のとおり、ポートフォリオのなかに、このタイプの株をどれくらい含めるか（あるいは含めないか）は、投資家の状況や目的によって変わってくる。それでも、このタイプに投資するならば守ったほうが良いルールが二つある。一つは前にも書いたとおり、このタイプに失うわけにはいかない資金を投資してはならないということだ。もう一つは、機関投資家がこのタイプの銘柄に初めて投資するときは、資金の五％までにするということだ。ちなみに、個人投資家の場合は前述のとおり、リスクの一つは適切な分散を行ったうえでこのタイプに投資をしても、素晴らしい利益を得るには資金が少なすぎるということである。

本書の初版で、私は一九五三年当時のアンペックスや、一九五六年当時のイーロックスを、ハイリスク・ハイリターンでも大きな可能性を秘めたCタイプの会社として紹介した。この二社はその後どうなったのだろうか。初版が完成したとき株価が一〇ドルだったイーロックスは、今日七・六二五ドルに下げている。一方、アンペックスは素晴らしいパフォーマンスを続けている。この株は、株価が大きく上昇して一時的に割高になったとしても、優れた実績がある経営陣がいて、ファンダメンタルズに変化がなければ売るべきではない、ということを実証している。第三章の研究開発について書いた部分で、この会社が一九五三年のＩＰＯから四年で株価が七〇〇％上昇したと書いた。私が初版を書き終えたとき、この会社の株価は実質的に二〇ドルだった（初版発行後に行われた二・五対一の株式分割を換算している）。今日、売り上げの八〇％は、ほんの四年前にはまったく存在すらしなかった製品によるもので、売り上げも利益も毎年劇的に上昇した結果、株価は一〇七・五ドルに達している。これは、二年あまりで四三七％、六年間では三五〇〇％上昇したということになる。言い換えれば、一九五三年にアンペックスに一万ドルを投資していれば、技術面と経営面で次々と成功を重ねた結果、今日では三五万ドル以上になっているということである。

もう一つ、私はそこまで詳しくないものの、このタイプだと思っているのが、ＩＰＯ時のリットン・インダストリース・インクと、メタル・ハイドライドだ。Ｃタイプの会社については、分散の観点から、覚えておくべき特徴がある。高いリスクと素晴らしい利益の可能性を秘めたこのタイプは、多くがいずれ大きな変化を遂げるということである。失敗に終わる会社もあるかもしれないが、もしかしたら業界の地位を確立し、経営陣の厚みや競争力を増してタイプCからタイプBに移行する会社も出てくるかもしれないのだ。

もし成功したときは、株価がかなり大幅に上昇しているはずなので、ほかに保有している銘柄の状況によっては、その銘柄の配分が、以前よりもかなり大きな割合を占めるようになっているかもしれない。しかし、Bタイプの株はCタイプの株よりもずっと安全なので、適切に分散した状態を維持しながら大きな割合で保有していくことも可能だ。そのため、もしBタイプに移行したら、特別な理由がないかぎり売る必要はない。少なくとも、株価の上昇で保有割合が大きくなったという理由で売るべきではないということだ。

このように、CからBに移行した会社の好例が、一九五六～一九五七年のアンペックスだ。この会社は、規模が三倍になる間に、利益はそれ以上に増加し、磁気記録装置やその部品の市場も大きな成長を遂げたことで、Bタイプに分類できるだけの本質的な強さが備わっていった。そうなると、もう極端な投資リスクの要素はない。そのため、この状態に達すると、賢い分散の原則から外れることなく、ポートフォリオの相当割合をアンペックスが占めることも可能だ。

これまで述べてきた配分の仕方は、分散するときの最低基準もしくは賢い標準と思ってほしい。最低限の分散をしておかないのは、常識を超えたスピードで運転するようなことだ。無理をすれば、普通に運転するよりも目的地に少し早く着くことができるかもしれない。しかし、そのスピードで走るならば、油断なく警戒し続けている必要がある。それを怠れば、早く着くどころか、目的地に達することすらできないかもしれないからだ。

それでは、逆の場合はどうだろうか。先に述べた最低限以上に分散する理由はあるのだろうか。追加的な銘柄が、二つの点で既存の保有銘柄と同じくらい魅力的ならば、まったく問題はない。まず、追加的な銘柄は、潜在成長力とリスクの兼ね合いがほかの保有銘柄に劣っていないものを選ぶことだ。次に、投資家のほうも、投資した会社の動きをほかの銘柄と同様に注視しておくことができることだ。実践的な投資家はたいてい、銘柄が多すぎて困るよりも、十分な銘柄数をそろえるほうが難しいことを知っている。それに、もし素晴らしい会社を必要以上にたくさん見つけられたとしても、ほとんどの人はそれらすべてを十分注視しておく時間がない。

たくさんの銘柄を保有している人の多くは、優れた投資家というよりも、自信がない人だ。もしたくさんの銘柄を保有している投資家が直接または間接的に経営陣の様子を観察できないのであれば、保有銘柄が少なすぎる場合よりも、むしろ悪い結果に終わるだろう。間違いはどこかの時点で起こるものなので、十分分散しておけば、たまに間違えたとしても壊滅的な損害には至らないということを常に認識しておくのは大事なことだ。しかし、必要以上に分散するときは、良い株ではなく、最高の株のみを買うために細心の注意を払う必要がある。株の世界では、大量の銘柄を少しずつ保有しても、二～三銘柄の優れた株を保有する代わりにはとうていならないのである。

二．戦争の時期には株を恐れずに買う

株に大きな関心を持つのは、たいてい想像力がある人だ。しかし、私たちの想像力は現代の戦争を前にすると力を失ってしまう。その結果、国際間の緊張が戦争の恐怖を産み出したり、実際の戦争を起こしたりすると、それが株価に反映する。これは心理的な現象であり、経済的な理由はほとんどない。

まともな人ならばだれでも、戦場での殺戮行為に打ちのめされ、苦しみ、ショックを受ける。しかも、今日の核兵器時代には、自分や周りの人たちの安全まで脅かされる恐怖がさらに大きくなっている。前途にこのような心配、恐れ、嫌悪感などがあると、物事への評価が歪みがちになり、純粋に経済的な要素だけに注目するのが難しくなる。また、財産が破壊されたり、没収に近い高い税金が課せられたり、政府が企業に干渉したりするのではないかという恐れが、投資家の思考を支配するようになる。このような精神状態で会社を分析しても、より基本的な経済的影響力を見過ごしてしまうことになりかねない。

しかし、戦争がもたらす結果はいつも同じだ。二〇世紀を通して、一回の例外を除き、世界のどこかで大きな戦争が行われ、それにアメリカ軍が参戦すると、必ず株式市場は急落してき

た。唯一の例外は、一九三九年九月の第二次世界大戦勃発時だった。当時、アメリカは中立国だったため、軍需ビジネスに期待してマーケットがほんのいっとき上げたのだ。しかし、すぐにいつもどおりの下落に転じ、ドイツ軍勝利のニュースが続くと、パニックに近い状態になった。それでも、戦争がすべて終わると、第一次世界大戦でも、第二次世界大戦でも、朝鮮戦争でも、ほとんどの銘柄は上昇し、戦争の気配がなかったころと比べて、はるかに高い水準になっていた。ちなみに、過去二二年間で、少なくとも一〇回は国際危機のニュースによって戦争の脅威が広まったが、株価はそのたびに急落し、その恐れが引くと急回復してきた。

戦争が終われば株価は必ず以前よりも高くなっているのに、戦争の恐れが広がったときや、実際に戦争が勃発したときに株を売ってしまう投資家は何を見落としているのだろうか。彼らは、株価の単位はドルであるということを忘れている。現代の戦争では、戦いが終わるまで政府は税収をはるかに超える大金を支出する。そのため、資金量が大幅に増え、お金の価値(例えば、ドル)は下がる。つまり、同じ株を買うのに、より多くのドルが必要になるのだ。もちろん、これが典型的なインフレである。

言い換えれば、戦争でお金の価値は必ず下落する。つまり、戦争の脅威が迫ったり、実際に戦争が始まったりしたときに、株を避けて現金に逃げるのは極めて愚かなことだ。むしろ、すべきことはまったく逆のことだ。もし投資家が株を買おうとしているときに、戦争の脅威によって株価が暴落したら、その瞬間の怖い気持ちを抑えて株を買わなければならない。このときこそ、余剰資金をつぎ込むべきときなのである（貯め込むのではなく）。しかし、ここで問題が発生する。どれくらい急いで買うべきなのだろうか。株価はどこまで下げるのだろうか。もし下落の原因が実際の戦争ではなく戦争の脅威ならば、答えは分からない。もし戦争に突入してしまったならば、株価がさらに下げることは間違いない。場合によってはかなり下げるかもしれない。そこで、脅威だけのときはゆっくりと少しずつ買っていく。そして、戦争が始まったら、買いのテンポを一気に上げるのである。このとき買うのは、戦争中も製品やサービスの需要が続く会社や、既存の設備を軍事工場に転用できる会社だ。今日ではほとんどの会社が、現代のような総力戦に対応して、製造態勢を切り替える柔軟性を持っている。

しかし、戦争中に株の価値は本当に上がるのだろうか。それともお金の価値が下がるだけなのだろうか。それは状況によって変わってくる。幸いなことに、アメリカは戦争で負けたことがない。戦争はすべてそうだが、特に現代の戦争では、敗戦国のお金はまったく（あるいはほとんど）価値がなくなり、株もほとんど価値を失う。もしアメリカが共産主義政権下のソ連に敗れたら、私たちのお金も株も価値がなくなるということだ。そうなったときは、投資家が何をしても結果はほとんど変わらない。

その一方で、もし戦争に勝つか膠着状態になった場合の株の価値は、戦争によっても、銘柄によっても違ってくる。第一次世界大戦では、イギリスとフランスが戦前に貯め込んでいた莫大な富がアメリカに流れ込み、ほとんどの株の価値はその時期が平時だった場合よりも大きく上昇した。ただし、これはこの戦争の話で、次もそうなるかどうかは分からない。第二次世界大戦中と朝鮮戦争中のアメリカ株の価値を不変ドルで表せば（つまり本当の株の価値は）、その時期が平時だった場合よりもはるかに安くなっていた。戦争中は、重い税金に加えて、利益率が高い平時の製品から、利益率が異常に低い軍事製品の製造に大きく移行したからだ。もし後者に費やされた多大な努力を平時の製品に向けることができていれば、株主の利益ははるかに増えていただろう。とはいえ、それも利益を享受できる自由なアメリカが存続していればの話である。戦争や戦争の脅威がある時期に株を買う理由は、戦争自体がアメリカの株主に利益をもたらすからではない。そうではなく、お金の価値が下がるため、そのお金で表される株価は必ず上がるからなのである。

三．ギルバートとサリバンの歌詞を忘れずに

ギルバートとサリバン（一九世紀末に活躍した劇作家と作曲家）は、株式投資の権威ではない。しかし、彼らが創ったオペレッタに出てくる「春に咲く花は……そのこととはまったく関係ない」という歌詞は覚えておくとよいだろう。世の中には、多くの投資家から大いに注目されているが実際には価値のない金融統計がたくさんある。これを、先の歌詞と同じとするのはさすがに言いすぎかもしれない。そこで、まったく関係ないと言うかわりに、ほとんど関係な

いとしておこう。

なかでも最も役に立たない統計が、株価の過去のレンジである。理由は分からないが、多くの投資家が株を買おうとするときに最初に見るのが、過去五年とか一〇年の最高値や最安値なのである。彼らは、この数字を意味のない理屈でこね回して、その株に支払ってもよい切りの良い数字を導き出している。

これはバカげたことなのだろうか。これは投資において危険なことなのだろうか。答えはどちらも断固としてイエスだ。これが危険なのは、ほとんど関係のないことに目を引かれて、大事なことから注意がそれてしまうからだ。そうなると、投資家の関心は大きな利益チャンスではなく、もっと少ない利益のほうに向いてしまうことが多くなる。そのことを理解するためには、私たちの心がなぜこれほど非論理的な働きをするのか知っておく必要がある。

株はなぜその価格で売れるのだろうか。株価は、その株に関心がある人全員が、その時点でいずれいくらになると思うかを複合的に示したものである。また、これは潜在的な買い手と売り手がその会社の見通しを、その時点のほかの会社に対する見通しと相対的に評価した株価を、売買株数で加重して複合的に示したものでもある。この水準は、時に株主の事情などによって、少しそれることもある。例えば、大株主が何らかの理由（財産整理や、ローンの返済など）で大量の株を売る場合などだが、それは株主のその株の価値に対する見方と直接関係があるわけでは必ずしもない。それに、このようなことが株価の複合的な評価に与える影響は、たいていはごくわずかでしかない。大量の売りが出れば、すぐに割安株狙いの買い手が入って、株価は調整されるからだ。

ここで本当に重要なことは、株価は現時点での評価を表しているということだ。もし会社に変化が起こったことが明らかになれば、それに合わせて評価も変わる。また、ほかの株との関係でも、株価は上下する。もし評価対象の要素が正しく判断されていれば、その株とほかの株の株価は相対的な関係を保ったまま上下する。しかし、一方の要素が評価されれば、その株はいずれ金融界で注目されるようになる。そうなれば、株価はさらに上げるか下げるかのどちらかになるだろう。

つまり、四年前の株価は、今日の株価とはほとんど（あるいは、まったく）関係がないのである。ある会社は、有能な経営陣を新たに登用したかもしれないし、利益率が高い新製品をいくつも開発したかもしれないし、ほかにも好ましい要素がいくつもあって、株の価値が四年で四倍になったのかもしれない。別の会社は、無能な経営陣に代わったことで競合他社から遅れ、復活する唯一の方法は新たな資本を調達することだったのかもしれない。しかし、増資で株が希薄化し、株の価値は四年前の四分の一になってしまったのかもしれない。

このようななかで、投資家が将来に大きな利益が期待できる株を見送って、はるかに少ない利益の株を買ってしまう理由は分かっている。彼らは、「まだ上がっていない株」を重視するあまり、無意識のうちにすべての株は同じくらい値上がりするもので、すでに大きく値上がりした銘柄はそれ以上上がらないが、まだあまり上がっていない銘柄はどこか「相応」のところまで上昇すると思い込んでいるのだ。しかし、それはまったくの誤解である。この数年で株価が上がったかどうかは、その株を今買うべきかどうかの判断とはまったく関係がない。大事なことは、今よりもかなり高い株価を正当化できるだけの十分に改善されたか、もしくはこれから改善される可能性があるかどうかということなのである。

同様に、多くの投資家は株を買う判断を下すとき、過去五年間の一株当たりの利益を重視する。しかし、一株当たりの利益の値だけを四～五年分見ても、それはエンジンを車体から取り外して、機能を試そうとするようなことだ。四年前の一株当たりの利益が今年の四倍でも四分の一でも、そのことだけでその株を買ったり売ったりする判断を下すことはできない。繰り返しになるが、大事なのはその背景にある状況だ。最も重視すべきは、これからの数年間に起こる可能性が高いことは何かということなのである。

投資家には、過去五年程度の株価を中心としたいわゆる分析リポートのたぐいが次々と送られてくる。しかし、今必要なのは過去五年ではなく、次の五年の数字だということをよく覚えておいてほしい。過去の統計がよく使われる理由は、これらの数字を使っておけば間違いがないからだ。それに、もしもっと重要な予想を盛り込むと、当たらなかったときに間抜けに見える。そのため、それが重要かどうかはさておき、できるだけ疑う余地のない事実を詰め込もうとするのである。金融界では多くの人が、さまざまな理由で過去の統計を重視している。彼らは、現代ではほんの二～三年の変化で会社の価値が大きく変わることがあるということを理解していない。そのため、前年の詳細な会計記録が翌年起こることを教えてくれると心から信じて、過去の利益の記録を重視しているのである。これは、一部の規制業種（公益事業会社など）については正しいのかもしれない。しかし、投資資金に対して最高の結果を望む投資家が関心を持つべき会社については、まったく間違っている。

このことに関する印象的な例が、幸いにも私が最もよく知っていた一社である。一九五六年の夏、私はテキサス・インスツルメンツの最大株主である幹部の人たちから、この会社の株をある程度まとめて買う機会を得た。そこで、テキサス・インスツルメンツについて詳しく調べてみると、この会社は一五のポイントの評価で見て、素晴らしい会社だということが分かった。幹部たちが株を売りたい理由もまったく筋が通っており、それは本物の成長企業でよくあることだった。この会社では、幹部の持ち株が大きく上昇し、この銘柄だけで数人がすでに大金持ちになってもおかしくない状態だった。しかし、それに比べると、彼らのほかの資産はなしに等しい状況だったので、彼らは保有するテキサス・インスツルメンツ株のほんの一部を売却し、資産を少し分散しようと考えたのである。これはまったく理にかなっている。いずれ必ず発生する相続税のことを考えただけでも、主要な幹部である彼らの立場からしたら賢明な行動で、会社の将来性とはまったく関係がなかった。

いずれにせよ、私はこれらの株を一四ドルで買った。これは、一九五六年の一株当たりの利益である約七〇セントの二〇倍に相当する金額だった。過去の統計を重視する人たちにとっては、まったく賢明とは言えない価格だろう。一九五二～一九五五年の一株当たりの利益の推移は、三九セント、四〇セント、四八セント、五〇セントで、興奮するような成長率ではない。経営陣の質や現在のビジネストレンドなどといった大事な要素よりも表面的な統計を重視する人がさらに気にしていたのは、テキサス・インスツルメンツが買収にかかわる欠損金の繰り越しを計上したことで、先の期間の税額が通常以下になっていたことだ。これによって、過去の統計に基づいた株価はさらに割高に見えていた。仮に、この表面的な統計に一九五六年の利益を含めたとしても、不吉な状況はあまり変わらなかっただろう。確かに、この会社は現在、トランジスターという有望な分野で大変好調である。しかし、半導体業界全体に明るい未来が約束されているとなれば、強固な財務基盤を持った伝統的な大手企業が成長性の高いトランジスターの分野に本気で参入してくるのは間違いない。そのとき、テキサス・インスツルメンツのような規模の会社が業界の強固な地位を維持していけるのだろうか。

この幹部が持ち株を売ったことがＳＥＣ（証券取引委員会）の報告書から分かると、テキサス・インスツルメンツの出来高は一気に膨らんだが、株価はあまり変わらなかった。私は、このときの売りは、さまざまなブローカーが発したコメントの影響だと思っている。その多くは、過去の統計記録と比べても歴史的な高値であることや、これからの競争が激化すること、インサイダーの売りであることだった。ある記事では、テキサス・インスツルメンツの経営陣との完全な合意についてまで言及されていた。株を売却した幹部の「経営陣とは合意しており、彼らにも同じことを勧めた」という発言まで引用されていたのだ。一方、この時期の主な買い手は、情報通の大手機関投資家だと言われていた。

それから一二カ月でどうなったのだろうか。報道合戦の陰で見過ごされていたが、テキサス・インスツルメンツの地球物理学関連の製品と、軍事用電子ビジネスは成長を続け、半導体（トランジスター）部門はそれを上回る速さで伸びていた。ただ、トランジスターの生産量の伸びもさることながら、それ以上に注目すべきは、優秀な経営陣が研究開発や工場の機械化や主力部門である半導体分野の流通経路の構築などに大なたを振るったことだった。一九五六年の利益はこれらの積み重ねによる成果であり、けっして一時的なものではなかったのだ。そして、この比較的小さな会社が、今後アメリカで最も急成長を遂げるであろう分野の最大かつ最低コストの生産者になりそうだという認識が広がり始めていった。金融界もこの会社の経営状態の良さに気づき、この勢いに便乗しようとPERを上方修正した。一九五七年夏には、経営陣がその年の一株当たりの利益予想を一・一〇ドルと発表した。わずか一二カ月で利益は五四%、株価は約一〇〇%上昇したのである。

本書の初版で、私はさらにこう書いた。

もしこの会社の主要部門がダラスやヒューストンではなく、大西洋沿岸の北半分かロサンゼルスの都心部にあって、金融アナリストや大手ファンドのファンドマネジャーがもっと容易にこの会社について知ることができていれば、この時期のPERはさらに高かったのではないだろうか。もしテキサス・インスツルメンツの売り上げと利益があと何年かこれまでのような急上昇を続ければ（十分可能だと思う）、会社自体の継続的な成長が、いずれPERをさらに押し上げるだろうと注視している。そうなれば、株価は再び利益成長率よりも速いペースで上昇するというパターンができて、株価はさらに高騰することになるだろう。

この楽観的な予想は実現したのだろうか。過去の利益などの表面的なデータを分析すれば投資先を評価することができると今でも主張している人は、この結果を見て衝撃を受けるかもしれない。テキサス・インスツルメンツの一株当たりの利益は、一九五七年の一・一一ドルから一九五八年には一・八四ドルになり、一九六九年には三・五〇ドルを上回ると発表している。本書の初版が完成して以来、テキサス・インスツルメンツの評価は高まるばかりで、金融界でも常に注目される存在になっている。一九五八年には、世界で圧倒的首位に立つ電計機メーカーのＩＢＭが、半導体用アプリケーションの共同研究の提携相手に、電子・電機業界の巨人と言われる企業を差し置いて、テキサス・インスツルメンツを指名した。一九五九年には、テキサス・インスツルメンツが既存のトランジスターとほぼ同じサイズの半導体の素材に、トランジスターだけでなく、電子回路をすべて入れることができる画期的な新技術を発表した。この技術が小型化の流れにどれほど貢献するかは、想像もできない。テキサス・インスツルメンツは、会社の成長と合わせて、その並外れて優秀な研究開発部門も拡大していった。今日、情報に通じた人のほとんどが、この会社がこれまでと同様、数々の「初めての」技術やビジネスを発表し続けていくと確信しているのではないだろうか。

これらのことは、株価にどのように反映されたのだろうか。PERは、私が予想したように二二カ月前からさらに上がっただろうか。記録がそうなったことを示している。一株当たりの利益は、一九五七年の三倍以上になっている。株価は、本書の初版が完成したときの二六・五ドルから五倍以上になっている。現在の価格は、初版を執筆していた約三年半前に、私がまとまった株数を買った一四ドルからは一〇〇〇％以上の利益を上げている。この急上昇のあとでも、今後売り上げと利益がさらに伸びたら、株価がどこまで上がるか楽しみだ。

ただ、このようなケースは、過去の株価のレンジやPERといった意味のない統計などに注目するもうひとつの理由にもなり得る。それが、何年間か続いたことは永遠に続く運命にある、という思い込みだ。投資家のなかには、PERや株価が過去五年や一〇年、毎年上昇した銘柄を探す人もいるくらいだ。彼らは、それを見て、この傾向が永遠に続くに違いないと思うのである。もちろん、そうなるかもしれない。しかし、このような成長を可能にする研究の成果が出るタイミングや新製品を売り出すまでのコストが不確定であることを考えれば、最も優れた成長企業であっても、利益率が一年とか三年とかの単位で落ち込むことはよくある。そして、このような落ち込みは、株価を急落させる。そのため、過去の利益などの記録ばかりを重視して、将来の利益につながる会社の現状を見ずに株を買えば、非常に高くつくことになる。

これは、株を買うかどうかを決めるときに、過去の利益や株価のレンジを完全に無視すべきだということなのだろうか。そうではない。これらの数字を必要以上に重視すると危険だということだ。過去のデータも、株の魅力を判断する主要な要素としてではなく、特定の目的のために補助的なツールとして使えば大いに役に立つ。例えば、過去のさまざまな時期の一株当たりの利益を調べれば、その株がいかに周期的な動きをしているか、つまりその会社の利益が景気循環にいかに影響されているかということを解明できるかもしれない。そして何よりも、過去の一株当たりの利益と株価のレンジからは、その株の過去のPERが分かる。これが、将来のPERを推測するための基になる。ただ、ここでも重要なのは、将来であって過去ではない、ということを忘れないでほしい。例えば、長年、利益の八倍で売られていた銘柄でも、経営陣が代わり、優れた研究部門ができたことで、今では利益の八倍ではなく、一五倍の株に変化しているとする。そうなると、この会社の将来の利益を予想して、そこから株価を推測するときに、一五倍ではなく八倍で計算する人は、過去の統計に頼りすぎているということだ。

この項のタイトルは「ギルバートとサリバンの歌詞を忘れずに」とした。しかし、もしかしたら「関係のないことに影響されない」としたほうがよかったのかもしれない。過去の利益、そして特に株価のレンジの統計は、たいていは「まったく関係ない」のである。

四．本物の成長株を買うときはタイミングと株価も必ず考慮する

投資でよくある状況について考えてみよう。一五のポイントをよく満たす会社があるとする。しかも、この会社では一年後に収益力を大きく押し上げることが起こる見込みだが、ある理由からそのことが金融界ではまったく知られていない。そして何よりも、この新しい収入源が少なくとも今後数年間は大きく成長していく確実な兆候が表れている。

普通の環境ならば、この株は明らかに買いだ。しかし、それを躊躇する要素がある。この株は、まだ一般に知られていない新しい材料の影響がなければ、妥当な株価は二〇ドルと言える。しかし、前年までの試みが成功したことで、金融界でも人気の銘柄になり、現在の株価は三二ドルになっているのだ。これから五年後に、新しい材料が株価を七五ドルに押し上げるとしても、今、妥当だと思う株価よりも六〇％も高い三二ドルで買うべきなのだろうか。もちろん、新たな展開が思ったほどうまくいかない可能性は常にある。また、株価が本来の価値と思われる二〇ドルまで落ちる可能性もある。

このような状況に直面したら、保守的な投資家の多くは株価に注視する。そして、二〇ドル近くになったら急いで買い、下がらなければ買わない。これはよくあるケースなので、詳しく分析してみる価値がある。

まず、二〇ドルという価格で買うことに問題はあるだろうか。ない。それは、将来の価値にかかわる重要な要素（ほとんどの人が知らなくても、私たちは何年かのうちに株価を七五ドルに押し上げると考えていること）が織り込まれていないからだ。この時点で、最も重要なことは、これ以降の株価の底値近くで買うということだ。三二ドルで買った場合、心配なのはそのあと二〇ドル近くまで下げることだ。これは一時的な損失になるだけではない。もっと重要なことは、いずれ七五ドルに達したとしても、そのときの株数は二〇ドルで買えた場合と比べて六〇％しかないことだ。この会社が次の二〇年で新しい試みをいくつも成功させて、価格が七五ドルどころか二〇〇ドルになる可能性を考えれば、限られた資金でできるだけ多い株数を手に入れておくことは極めて重要なことなのである。

幸い、このような状況で頼りになる指針がもうひとつある。ただし、保険業界や銀行業界の友人は、この方法について、奇跡でも起こらなければうまくはいかないと思っているようだ。それは、株を特定の価格で買うのではなく、特定の日に買う方法だ。過去にこの会社で成功した試みを分析してみると、それらが株価に反映されたのは開発段階のある時点だという傾向が分かったとする。その時点というのが、試作を始める少し前で、平均すると約一カ月前だった。そこで、この観測に基づいて、買うのは次の試作を始める約一カ月前に当たる今から五カ月後、と決めるのである。もちろん、株価はそのあとも下がるかもしれない。しかし、もし二〇ドルで買ったとしても、それ以上下げないという保証はない。最安値で買う妥当な機会があるならば、周知の材料に基づいた株価がもっと安いはずだと感じたとしても、目的は達せられる。このような状況のときには、特定の株価ではなく、特定の日に買うことにするほうが安全だと私は思っている。

この方法は、価値という概念を無視しているわけではまったくない。そう見えるだけだ。もちろん、将来の価値がはるかに上がる可能性がなければ、これは金融界の友人が言うように非理論的な方法かもしれない。しかし、価値が上がるという強い兆候があるのならば、価格ではなく時期を決めることで、これからの最安値で買い、その株の最大の成長率を享受する機会にもなる。ちなみに、これはどの株を買うときにも言えることである。

五．多数派のまねをしない

投資には、金融の経験を積まないとなかなか理解しにくい重要な概念がある。それは、言葉で正確に説明するのも、数学の公式で表すのも難しい。

本書では、株価を変動させるさまざまな影響について、繰り返し書いてきた。特定の会社の株価を上げたり下げたりする理由は、純利益の変動、経営陣の変化、新しい発明や発見、金利や税法の改定など無数にある。このような影響には、共通点がある。それは、私たちの周りの実際の出来事だということだ。これらのことは、実際に起こったか、これから起こることだ。

しかし、株価はそれとはまったく違う種類の影響も受ける。それは、純粋に心理的な変化だ。これが起こると、外の世界や経済の世界では何も変わっていないのに、金融界のほとんどの人が、同じ状況を以前とはまったく違う視点で見るようになる。心理的な変化によって、同じ事実の評価方法が変わり、同じ株に対する株価やＰＥＲが変わってしまうのである。

株式市場には、女性のファッションと同じように、流行やスタイルがある。これが長いときは数年間、株価と本当の価値の関係をゆがめることもある。ファッション界がロングスカートの流行を宣言したら、ミニスカートはどれほど良い品でも売れなくなるのと同じことだ。具体例で見ていこう。一九四八年に、私が優秀だと思っていた投資家と話をしていたときのことだ。彼はニューヨーク証券アナリスト協会の会長を務めたほどの人物で、これは通常、金融界でも非常に優秀な人が就くとされるポストである。このとき、私はミシガン州ミッドランドにあるダウ・ケミカルの本社を訪問したあと、ニューヨークに着いたばかりだった。私は彼に、ダウが次の決算で最高利益を達成しそうだから、ぜひ買うべきだ、という話をした。しかし、彼の答えは、歴史的に見ても、統計的に見ても、ダウのような会社の一株当たりの利益がそこまで高くなることはないと思う、というものだった。この状況は明らかに戦後のブームに乗っているだけで、利益は一時的なことだから、このような利益が上がってもこの株の魅力にはならないと言うのである。さらに彼は、南北戦争や第一次世界大戦のあとの二～三年のような戦後不況が訪れるまで、このような株の本当の価値を判断するのは難しいとも言っていた。残念ながら、彼の根拠は、ダウが開発中の新しくて興味深いさまざまな製品によって、この会社の価値が将来大きく上がる可能性があることを完全に無視していた。

もちろん、ダウの利益はそのあとも最高利益を更新し、株価は今の高値圏からさらに何百％も上がった。ただ、ここで注目すべきは、この優秀な投資家がなぜ、ダウの本質的な価値について、同じ事実から、年によってまったく違う結論に至ってしまったのかということだ。

答えは、一九四七～一九四九の三年間、金融界のほとんどが誇大妄想に取りつかれていたからだ。今になって落ち着いて考えれば、当時恐れられていたことは、一四九二年にコロンブスを乗せたサンタ・マリア号の乗組員が取りつかれていた恐怖と同じくらい現実離れしていた。この時代、ほとんどの船員は地球が平面だと信じており、いつ地球の果てに到達して奈落の底に落ちるのかと思うと、恐怖で毎晩眠ることもできなかった。一九四八年、投資業界は過去二回の大きな世界大戦のあとに起こったような厳しい不況と株式市場の大暴落が、今回も戦後同じ年数がたった近い将来に起こることは、防ぐことができないという思いに取りつかれ、株の利益にほとんど価値を見いだすことができなくなっていた。そして、一九四九年についに景気が後退し始めた。しかし、これが控えめなものだと分かった途端、金融界は次は上昇トレンド（下降ではなく）になると結論付け、株に対する見方ががらりと変わった。そして、この心理的な変化のみで、株価は次の二～三年に二倍以上に上がったのである。なかでも、具体的な好材料があってファンダメンタルズが改善した銘柄は、二倍をはるかに超える伸びを見せた。

このように、金融界で同じ事実の評価が、時期によってまったく変わってしまうのは、株式市場全体に限ったことではない。状況が変われば、実際に起こっている同じ事実の評価が変わり、特定の業界や、そのなかの特定の会社が金融界で好まれるようになるのである。

例えば、軍需産業業界は投資業界では人気がない時期があった。この業界の大きな特徴は、唯一の顧客である政府に支配されているということである。この顧客は、軍需品を大量に買い上げる年もあれば、購入を大幅に控える年もある。そのため、この業界では毎年、いつ主要な契約が解除されるのか、ビジネス自体が枯渇しないかなどの見通しがまったく立たないのである。

そのうえ、政府関連ビジネスは利益率が異常に低いだけでなく、交渉が何回も繰り返されて利益が削り取られていくにもかかわらず、政府の損失になるような計算ミスは絶対に許されないという現実がある。また、技術が常に進歩していくなかで、新モデルの入札をし続けなければならないため、リスクと不安が常につきまとう。どれほど高い技術力があっても、激しい競争のなかで、何かしら標準化して長期的な優位を確保することも不可能だ。そして最後に、突如平和が訪れて仕事が激減する「危険」も常にある。このような見方が広がるたびに（過去二〇年間に何回もあった）、軍需関連の株価は利益と関係なく大幅に下げてきたのである。

しかし、最近の金融界では、同じ事実から違う結論に達することがある。例えば、世界の現状では今後何年にもわたって空の防衛に莫大な装備が必要になる。年ごとの支出は変わるかもしれないが、技術の発展に伴って、より高額な装備が必要になるため、軍需産業界にとっては長期的な上昇トレンドが見込まれる。つまり、これらの株を持っている幸運な投資家は、ほかのほとんどの業界が遅かれ早かれ次の不況の到来を感じているなかで、その心配がないということだ。利益率は法律で制限されているが、経営が順調な会社にはかなりのビジネスがあり、純利益はいくらでも伸びる余地がある。このような見方が広がると、それまでと状況が変わっていなくても、評価はまったく変わってしまう。そして、株価の基準もまったく違ってしまうのである。

このような例はどの業界にもある。過去二〇年間、金融界の見方が途中で反対になり、それが株価に影響を与えるということが幾度となくあった。例えば、一九五〇年の製薬株は、工業用化学会社と同じ好ましい特徴を持っているとして、高く評価されていた。驚くべき研究成果と、生活水準の向上に伴って永続的な成長が見込まれるため、この業界のトップ企業のＰＥＲは、化学会社のトップ企業のそれに匹敵する水準で推移していた。しかし、あるメーカーの人気の製品で、大きな問題が発生した。すると、金融界に、製薬業界というのは、今日市場を支配しているトップメーカーであっても明日は分からないのだという認識が一気に広がった。そうなると、業界全体の評価が見直され、ＰＥＲはそれまでとはまったく違う水準に下がった。しかし、問題を起こした一社を除けば、事実は何も変わっておらず、評価が変わっただけで業界全体の株価が下落したのである。

ところが、一九五八年になると、その反対のことがまた起こった。この年は不景気だったが、需要が伸びていた（減っていたのではなく）数少ない業種の一つが製薬業界だったのだ。この業界のほとんどの会社が最高利益を更新したのである。しかし、同じころ、化学会社の利益は急落していた。主な理由は、設備を拡張したばかりで、過剰生産に陥っていたからだ。気まぐれな金融界は、再び製薬株のＰＥＲを急激に上げた。しかし、化学株に対しては、思いのほか魅力がないという市場感情が広がっていった。これらのことはすべて、金融界の評価が変わっただけで起こったことだ。これらの会社のファンダメンタルズや本質的価値は何も変わっていないのである。

ところが、一年たつと市場感情はもう変わり始めていた。まず、一部の化学会社がいち早く収益力を回復し、その成長トレンドに乗ってすぐに史上最高利益に迫ると、一時的に下がっていた評価も回復した。製薬株のほうも、長期的な成長に寄与する重要な新薬が次々と開発され、業界の評価は上がっている。ただ、この業界には価格や特許に関する政府の規制という逆風もある。最近、回復した製薬株への評価が次の数年にさらに高まるのか、それとも再び下がり始めるのかは興味深いところだ。

本書の初版では、もう一つ、金融界の評価が変わった最近（当時）の例を紹介した。

現在、見方が変わりつつあるもう一つの例を紹介しよう。工作機械メーカーのＰＥＲは長年低い水準で推移していた。工作機械は典型的な浮き沈みの激しい業界だという認識でほぼ一致していたからだ。どれほど高い利益を上げても、それはブームに乗っただけで、継続性はないから重視する必要はないと思われてきたのである。しかし最近、支配的とまでは言えないまでも、新しい考えが広まり始めている。第二次世界大戦以降、ファンダメンタルズ的変化が起こり、それがこれらの会社にも影響を及ぼしているというのである。あらゆる業界で、それまで短期的だった設備投資に対する考え方が長期的な考えに変わり、それによって工作機械メーカーの業績が激しく変動していた主な原因がなくなったというのだ。また、高賃金がさらに上昇していることも、永遠とはいかなくても、今後少なくとも数年は景気変動による浮き沈みを食い止めてくれるだろう。安定的な技術の進歩によって、買い換えのペースも速まっている。つまり、非常に循環的だった戦前のトレンドに代わって、最近の成長トレンドが将来も続くということだ。また、自動化が進むことも、さらに目覚ましい成長トレンドを後押ししてくれると思われる。

このような主張に影響され、好調な工作機械株はほんの二～三年前に比べて評価が上がっている。ＰＥＲがまだ低いのは、浮き沈みが激しい業界だという考えがまだ根強く残っているからだが、以前ほどではない。もしこれらの会社が今や非循環型の、成長が期待できる業界だという評価が金融界でさらに広がれば、ＰＥＲも改善して、マーケットを上回るようになるだろう。しかし、もしかつてのような景気循環型の状況に逆戻りすれば、ＰＥＲは今よりも下がることになるだろう。

昨今の機械工作会社の例は、最大の利益が得られる株を買うためにすべきことをはっきりと教えてくれる。投資家は、買おうとしている会社とその業界について、事実を検証するだけでなく、その時期の金融界の感情も分析しておかなければならないということだ。もし市場感情のせいで、その会社や業界に対する金融界の評価が実際の状況よりもはるかに低ければ、みんなのまねをしないことで、さらに大きな利益を得るチャンスかもしれない。一方、今、金融界でもてはやされている会社や業界の株は、流行の投資先ということで事実を好意的に解釈しすぎて法外な価格になっていないかどうかに十分注意を払い、正当な価格かどうか（そうなっているときもある）を確認したうえで買ってほしい。

今日、工作機械業界が浮き沈みの激しい分野でなくなったのか、という話の結末は周知のとおりだ。この業界の景気循環の下降局面における極めて脆弱な体質が企業の長期的な経営企画が下支えとなって克服された、という考えは一九五七年の不況で一掃されてしまった。しかし、どんな問題にも解決策はある。技術の発展が加速するなかで、ほかにもさまざまなチャンスが生まれている。賢い投資家がみんなに流されずに考え、金融界の意見に逆行したとしても、正しい答えにたどり着くことができれば、利益を上げる方法は見つかるからだ。代替燃料株や小規模の電子会社のいくつかが今日享受している高い評価は本質的価値に見合っているのだろうか。PERが低い超音波機器の会社には本当に将来性がないのだろうか。収益の大部分を外国で上げている会社は、アメリカの投資家にとって良いのだろうか、それとも悪いのだろうか。これらの会社の評価は、どれも、みんなの考えが大きくぶれたり、ぶれなかったりして下されている。賢い投資家は、このような影響を受けている会社に投資をするときに、どれがさらに進展するファンダメンタルズ的なトレンドで、どれが今だけの流行なのかを見極めて判断を下す必要がある。

このような投資業界の流行や、事実の誤った解釈は、数カ月から数年続くこともある。ただ、長期的に見れば現実がその歪んだ状態を終わらせるだけでなく、その影響とは逆方向に株価を大きく動かすこともよくある。大勢を占める意見に惑わされず、事実を見極める能力は、株式投資の世界で大きな報酬を得る資質と言ってよいだろう。しかし、周りの人たちの総合的な意見は私たちの考えに多大な影響を及ぼすため、このような資質を身につけるのは簡単ではない。それでも知っておけば、周囲の人に惑わされてまねをしないための力強い助けになる。それは、大会社の変化や、大衆の目を引く出来事でも起こらないかぎり、金融界はたいていファンダメンタルズ的な変化に気づくのが遅れるということだ。例えば、ある会社はそれまでの経営状態が悪かったせいで、魅力的な業界であるにもかかわらず、株価が低迷していたとする。もし有名人を新たに社長に据えたら、株価は一気に上がるだけでなく、おそらく過剰に高騰するだろう。これは、経営改善に時間がかかることが、その時点では見過ごされているからだ。しかし、無名でも有能な経営者が黙々と優れた経営に変えていった場合は、金融界の評価もPERも低いまま、何カ月や何年も経過するかもしれない。駆け出しの投資家がみんなのまねをせずに、自分自身で考えるということを簡単に実践したいならば、後者のような会社を、いずれ金融界が評価を変えて株価が急騰する前に探してみるのもひとつの方法なのである。

第10章　成長株を探す方法

本書の初版が出版されると、全国の読者から驚くほどたくさんの手紙が届いた。そのなかで、最も多かった要望のひとつが、投資家（もしくはその投資顧問）が、素晴らしい利益を上げる投資先を見つけるためにすべきことを、もっと詳しく知りたいということだった。みんなの関心が高いようなので、このことについて、いくつか書いていくことにする。

素晴らしい投資先を見つけるには、かなりの時間とスキルと注意力が必要だ。個人投資家は、投資金額に対して割に合わない作業だと思うかもしれない。もし掘り出し物の株を探す速くて簡単な方法があれば、彼らだけでなく、機関投資家も喜ぶだろう。しかし、そのような方法があるとはとうてい思えない。当然のことながら、どれだけの時間を割くかは、投資資金の額や、関心度や能力を考慮して投資家自身が決めることだ。

私の手法が掘り出し物の投資先を見つけるための唯一の方法だとは思わない。また、これが最高の方法だと断言することもできない。ただ、もっと良い方法があれば、当然そちらを使っているはずである。私はここ何年か、これから詳しく紹介するステップで投資をしているが、私にとってはうまくいっている。もしたくさんの予備知識や、有益な知り合い、高い能力などを持った人ならば、特に重要な初期の段階で、この手法をさらに改善してさらに良い結果を出すこともできると思う。

これから紹介する方法には、二つの段階があり、それぞれの段階で下した判断の質が最終結果に大きな影響を及ぼすことになる。特に二つ目の「この株を今買うべきか、それとも買わざるべきか」という判断がどれほど重要かは、だれにでもすぐに分かると思う。一方、一つ目の体系的な銘柄選びにおける最初の判断は、その難しさが分かりにくいかもしれない。しかし、これが一〇年後に例えば一二倍になっている株（二倍弱ではなく）を見つけられるかどうかを大きく左右するかもしれないのである。

大きく成長する株を探し始めようとしている人が、必ず直面する問題がある。世の中には、掘り下げて調べるに値する可能性がある株が、何十もの業界に何千銘柄とあり、その多くは、かなり調べてからでなければ、精査する価値があるかどうかは分からないということだ。しかし、持てる時間で調べることができる銘柄の数はほんのわずかなのである。それでは、自分が割ける時間をつぎ込むいくつかの銘柄を、どのようにして選べばよいのだろうか。

実は、それが見かけよりもはるかに複雑な問題なのである。まずは、これから二～三年後に大きな利益をもたらす可能性がある候補を見つけなければならない。もし見込みのない候補ばかりを集めてしまえば、データを集めれば集めるほど、ほとんどの候補はいつも同じ結論に達するだけかもしれない。つまり、その会社は普通か若干マシかもしれなくても、たまにしかない驚くほどの利益を上げる掘り出し物ではないということだ。このように、比較的少ない事実に基づいて下した判断が、これから金鉱を探査するのか、それとも不毛の土地を掘り進めるのかを決めてしまうことになる。ここで失敗するのは、適切な結論に至るために必要な知識を獲得するための十分な作業をする前に、自分の時間を何に使うか、あるいは何に使わないかの結論を出してしまうからだ。しかし、もしその結論を得るための背景を十分に調べておけば、それぞれの状況について多くの時間を費やし、気づかないうちに重要な最初の判断を即座に下せるようになっているはずなのである。

実は、私が数年前に誠実に書いたことのなかに、間違いがあった。私は投資候補を探すために、次の一見良さそうな方法を用いていると書いたのだが、これがそうでもなかったのである。私は自分が詳しく調べた会社、なかでも私のファンドが集中的に投資している会社で、たくさんの有能な経営陣や研究者と親しくなった。彼らと話をしていると、ほかの会社について聞く機会もよくあった。この並外れて情報通の知り合いからもたらされるアイデアやヒントには、調べるべき会社として素晴らしい候補がたくさん含まれており、それらは私が探している優れた特徴を持った会社である確率が非常に高い、と当時は思っていたのである。

私は、自分が投資している会社が分析と自己批判を重ねながら技術力を上げて業務を改善していくことを期待しているが、私自身も同じことをして、自分の投資技術を向上させている。そのなかで、あるとき私は二つのことを確かめるための研究を行った。一つは、自分がどのようにして調べを進めたい候補を選んでいるのかということだ。もう一つは、過去に行った投資で、ある種の情報源から得た「点火栓」的アイデアと、それとはまったく性質が違う情報源とで、結果（そのあと優れた投資ができたかどうか）に大きな違いはあったのかということだ。

結果は私にとって意外だったが、分析すればそれはまったく理にかなっていた。私は、自分の主な情報源、つまり特定の会社に投資するきっかけとなったアイデアを提供してくれていたのは、企業の幹部や科学者たちだとずっと思っていた。しかし、実際にさらに調べを進めたくなった会社は、そのなかのわずか五分の一程度だった。そして実は、彼らのヒントは良い投資先を見つけるための情報源として、平均以上の成果を上げていなかった。この五分の一のなかから実際に投資した銘柄が、あとから見て価値のある買いになった割合は、約六分の一にすぎなかったのである。

反対に、詳しく調べた銘柄の約五分の四を占め、うまくいった投資（価値があった買い）の約六分の五を占める会社を調べる最初のきっかけをくれたのは、まったく違う情報源だった。それが、アメリカの各地にいる少数の尊敬すべき知り合いの投資家たちだ。長年の間に出会った彼らは、みんな独自の方法で優れた成長株を見つけていた。私の知り合いは、ニューヨーク、ボストン、フィラデルフィア、バッファロー、シカゴ、サンフランシスコ、ロサンゼルス、サンディエゴなどといった主要都市をすべて網羅しているわけではない。それに、彼らが非常に気に入った株でも、同意できないどころか、調べようとも思わない銘柄もかなりあった。時には、彼らの選び方を疑問視することすらあった。しかし、彼らの金融感覚の鋭さと優れた実績を知っているため、彼らが大きく値上がりすると考える並外れて魅力的な株のなかで、私が関心を持つ範囲に入るものがあるかもしれないと思うと、彼らの話を詳しく聞きたくなるのである。

そのうえ、彼らは熟練の投資家なので、私がその会社を詳しく調べてみるべきかどうかを判断するうえで最も知りたいことをすぐに理解して、意見を言ってくれる。しかし、その最も知りたいこととは何なのだろうか。私は、対象の会社を第3章で述べた一五のポイントの基準に当てはめる前に、予備段階として二つのことに注目している。まず、その会社は、今後売り上げが並外れた成長を見せる可能性がある事業を行っているのかどうか、もしくは今後参入しようとしているのかどうか、ということだ。次に、その事業は、その業界が成長したときに、競合他社が比較的容易に参入できて、既存の大手企業にとって代わることが可能かどうか、ということだ。事業の性質上、新規参入が容易ならば、投資した会社の価値が大きく伸びる可能性は低いことになる。

もし知り合いにあまり実績がない投資家や能力がさほど高くない投資家しかいない場合、それでも彼らをアイデアの情報源としたほうがよいのだろうか。有能な知り合いがいない場合は、ある程度使うと思う。私はどんな投資家でも必ず一回は時間を見つけて会うようにしている。

投資の世界に入ろうとしている鋭敏な若者を見過ごさないようにするためだ。しかし、どの銘柄に時間を費やすかは厳しい選択であることを忘れてはならない。そのため、その人の投資判断か、情報の信頼性のどちらかの評価が低ければ、彼の情報に費やす時間はそれ以上に減る傾向がある。

では、印刷物から調べたい会社のヒントを得ることはできるだろうか。信頼できる証券会社が広範囲にではなく厳選した一部の顧客向けに配っている特別リポートのなかには、ときどき大いに参考になるものがある。ただ、全体として、ブローカーがみんなに配っている典型的なリポートのようなものは意味のある情報源とは言えない。情報の精度がかなり疑われるからだ。さらに言えば、このようなリポートに書いてあることのほとんどは金融界では周知のことばかりだ。同様に、私はときどき価値あるアイデアを高級な業界誌や金融誌から得ることもある(私はそれとはまったく別の理由でこれらを重宝している)。しかし、これらの刊行物にも私の関心を引くほど掘り下げた内容の記事はなかなかないため、最高の投資先につながる新しいアイデアをたくさん提供してくれる情報源にはなり得ていない。

ほかにも、私はうまく活用できていないが、技術的な知識や高い能力を持った人ならば価値のある独自のアイデアを利益につなげることができるかもしれない情報源がある。それは、大手コンサルティング系の研究所で、例えばアーサー・D・リトル、スタンフォード・リサーチ・インスティチュート、バテルなどだ。私は、これらの組織で働いている人たちが価値ある投資のアイデアにつながるビジネスや技術開発についてよく理解していることに気づいた。しかし、彼らは有益な情報を持っていても、顧客との守秘義務に抵触する可能性を考慮してか、なかなか明かしてくれないため（称賛に価することだ）、実際には情報を入手することができない。もし私よりも賢い人が、彼らの顧客に損害を与えることなく、この投資情報の鉱脈をうまく利用することが可能ならば、それを使って成長株候補を探すという段階を大きく改善する方法が見つかるかもしれない。

最初のステップについてはこのくらいにしておこう。優秀な投資家や、時には幹部の科学者と二～三時間話をしたときに、ある会社に大いに興味を引かれたとする。そうなれば、その会社について調べ始める。しかし、その次は何をすべきだろうか。

このとき、私がけっしてしないことが三つある。まず、この時点で経営陣と連絡を取ることはしない（理由は読み進めれば分かる）。それから、何時間もかけて過去の年次報告書を読み込んだり、貸借対照表の細かい変化を分析したりもしない。知り合いの株のブローカー全員に、この株についての意見を聞くこともしない。ただ、貸借対照表をざっと見て、全体の資本構成や財務状況は把握する。また、SEC（証券取引委員会）の提出書類があるときは、製品別の売り上げや、競争、幹部や大株主が全株主に占める割合（これは株主総会招集通知に載っていることもある）、すべての損益計算書の数字（減価償却や、もしあれば消耗償却には特に注目する）、利益率、研究活動の規模、前年の異常、もしくは一時的な経費などを注意深く見る。

これで準備が整った。次は、第2章の「周辺情報利用法」をできるかぎり活用する。この段階で、知り合いの幹部科学者たちが投資先候補の情報源とは別の意味で、計り知れないほどの価値を発揮してくれることがある。ここからは、できるかぎりのつてを頼り、調べている会社の主要な顧客や、出入り業者、ライバル会社、元社員、関連分野の科学者などに直接会うか電話で話を聞く。しかし、もし話を聞ける関係者や、その分野に詳しい科学者が見つからないときは、どうすればよいのだろうか。

率直に言って、もし必要な情報がほとんど得られなければ、その調査は打ち切って、次の会社に目を向ける。投資で大きな利益を上げるために必要なのは、すべての投資先について知ることではない。必要なのは、実際に買ういくつかの会社について、おおよその正しい答えを知っておくことだ。そのため、基本的な情報も、それ以上の情報も入手できる見込みがあまりなければ、その件はあきらめて別の会社に目を向けるほうが賢明だと私は考えている。

それでは、かなりの情報が集まった場合はどうだろうか。知り合いやつてを頼って多くの人から話は聞いたものの、全体像をつかむためにはあと一人か二人の率直な意見を聞く必要があるようなときだ。そのようなときに、突然訪ねていくようなことはしない。ほとんどの人は、自分が働く業界の詳しい情報を持っていても、まったく面識のない部外者に自分の顧客やライバルや業者の強みや弱みなどについて、本心を語ってくれるようなことはない。そんなときはまず、話を聞きたい相手の取引銀行を調べる。それから、知り合いがいる銀行に、会いたい相手とその理由を率直に伝えれば、ほとんどの銀行は驚くほど親切に仲介してくれる。もちろんあまり頻繁に彼らを煩わせなければの話だ。そして、さらに驚くのは、銀行の紹介で話を聞きに行くと、相手も非常に協力的なことが多いことだ。もちろん、協力を得るためには仲介してくれる銀行員に、面会の目的が投資の判断材料を集めることのみだということと、何があっても悪い情報の出所を明かして迷惑をかけるようなことはしない旨をしっかりと伝え、納得してもらうことが大前提である。このようなルールを守れば、銀行の助けを借りることで、それ以外の方法では入手できない部分を補って、価値ある調査を終わらせることができる場合もある。

これらの人たちから得た「周辺情報」から一五のポイントに関するデータの大部分を得たら、そこで初めて次のステップである経営陣の話を聞くことを考える。この順番は非常に大事である。

素晴らしい投資先にふさわしい優れた経営陣の多くは、自分の会社の弱みについて、強みと同じくらい率直に語ってくれる。ただ、そうは言っても、自社に都合が悪いことならば、私たち投資家にとって最も重要な情報でも、自分からわざわざ明かしてくれるとは限らない。もし会社の副社長に「そのほかに、投資を検討するうえでこの会社について知っておくべきことはありますか」と聞いても、ほかの幹部は素晴らしい実績を上げているのに、その副社長が数年担当している販売部門が業績の足かせとなりつつある、などと言うだろうか。しかも、若いウィリアムスという有能な担当者がいて、六カ月後に彼が責任者に昇格すれば、以前の好調を取り戻すことができるから心配はないことまで教えてくれるだろうか。もちろん、そんなことは無理だろう。しかし、私の経験から言えば、相手が正しいタイプの経営陣で、私の判断を信頼してくれて、なおかつこちらがすでに販売部門の弱点を知っていることが分かれば、そつがない言い方になったとしても、現在の弱さを克服するために対策を取っているのかいないのかについて、現実的な答えを返してくれる。

つまり、「周辺情報」を集めることによってのみ、経営陣に会って聞くべきことが分かるのである。その知識がなければ、経営トップの能力という最も基本的な点を判断することもできない。中規模の会社でも、主要な経営陣が五人程度はいるかもしれない。会社を一回や二回訪問しただけで、全員と会う必要はない。それをすれば、それぞれと短時間しか話ができないため、彼らの相対的な能力を見極めることができないからだ。普通は、五人いれば一人か二人があとの三人よりもはるかに優れているか、はるかに劣っているものである。「周辺情報」で得た知識がなければ、会う人によって、経営陣全体の能力を高く評価しすぎたり、低く評価しすぎたりすることにもなりかねない。しかし、「周辺情報」を集めておけば、だれが優秀で、だれが劣るかを事前にある程度正確に把握しておけるため、詳しく話を聞くべき特定の人物に面会を求めることができるし、「周辺情報」で得た印象が正しかったかどうかを確かめることもできる。

これは私の個人的な意見だが、どのような分野においても、物事は正しく行わなければ、それをする価値はない。成長株を選ぶときも、適切な行動を取れば大きな報酬が得られるが、不適切な判断を下せば大きな報いを受けることになるため、表面的な知識だけに基づいて選ぶならば投資する意味はない。もし適切に成長株を探したければ、ルールは一つしかない。投資をするために必要な情報の少なくとも五〇％を集めてからでなければ、経営陣に会うべきではないということだ。それをしないで会いに行けば、そこで聞くべきことが分からないため、正しい判断を下せるかどうかは運任せという危険な状況に陥ることになる。

必要な知識の少なくとも半分を事前に取得しておくべき理由がもう一つある。みんなの関心が高い業界の卓越した経営者や経営陣には、多くの投資関係者から面会の申し込みがある。株価は会社にとってもさまざまな意味で大きな影響を及ぼすため、経営陣は貴重な時間を割いて投資家との面会に応じる。実は、このことについて、多くの会社で同じようなことを耳にする。彼らが訪問者に失礼な対応をすることはないが、あまり権限がない人ではなく、その会社のカギを握る人物が時間を割くかどうかの判断は、訪問者の投資資金よりも、訪問者の能力をその会社がどう見ているかによるところがかなり大きいというのだ。そして何よりも、情報を積極的に提供してくれるかどうか（つまり特定の質問について、どれくらい具体的に答えたり、重要な話をしてくれるか）は、会社が訪問者をどう評価しているかによって大きく違ってくる。事前に十分な準備をせずにただ訪問すれば、最初から二ストライクとられた不利な状態で面会することになることを覚えておいてほしい。

だれと面会するか、つまり金融関係者向けの広報担当ではなく、実際に経営判断を下している人と会えるかどうかはとても大事なことなので、手間がかかっても正しい人の紹介で経営陣に会うべきである。経営陣が認識している重要顧客や大株主は、最初の面会への道を開く素晴らしい紹介者になってくれる。また、その会社が使っている投資銀行のつても役に立つ。いずれにしても、最初の訪問で最大の成果を得たければ、自分に敬意を表してくれて、そのことを経営陣に好意的に伝えてくれる紹介者を探すべきだろう。

この原稿を執筆するほんの二～三週間前に、初めて経営陣と面会するときの事前準備の重要性を再確認した出来事があった。その日、私は大手投資銀行の代表二人と昼食をともにした。この銀行は、私が運用するファンドで投資している数少ない会社のなかの二社と取引がある。私が投資先の数を絞っていることと、通常は長く保有することを知ったうえで、一人が私に、一つの投資先を決めるのに新しい会社（まだ投資していない会社）を何社くらい訪問するのか、と聞いてきた。私が、当ててみてくださいと言うと、彼は二五〇社と推測した。それを聞いたもう一人が、二五社ではないかと言った。実は、答えは二～二・五社程度だ。ただし、これは調べた会社の二～二・五社に一社が私のかなり厳しい買いの基準を満たすということではない。もしこのときの質問が「訪問した会社」ではなく、「調べた会社」ならば四〇～五〇社くらいになるかもしれない。あるいは、もし「調べる可能性があるとして検討した会社」というならば（実際調べるところまでいったかどうかは別として）、二五〇社というのはかなり近いかもしれない。質問をした彼は二つのことを見過ごしていた。私が最初に「周辺情報」

を十分集めたうえでなければ、工場を見に行ってもあまりメリットがないと考えていることと、「周辺情報」を調べれば、その会社が一五のポイントをどの程度満たすかはかなり正確に予想できることが多いため、経営陣を訪問するところまでいった会社は、買う可能性がかなり高いということだ。逆に言えば、あまり魅力がない会社は、そこまでの過程で候補から外れていく。

私が成長株を探すときの方法はだいたいこんなところだ。最初に調べる銘柄の五分の一は、その業界の友人の話からヒントを得て、残りの五分の四は、知り合いの優秀な投資家の話を聞いて、魅力的だと思った銘柄から選ぶ。自分が時間をかけて調べたい会社か、無視すべき会社かの判断は、ほぼ即決する。それから、SECの提出書類でいくつかの重要ポイントを確認したうえで、積極的に「周辺情報」の活用を試みて、その会社が一五のポイントの基準にどれだけ近いかを評価していく。この過程で、見込みがないと思えば調べる対象から外していく。

やめる理由は、ごく平凡な会社だったことが明らかになったという場合もあれば、判断を下すために十分な材料が入手できなかったという場合もある。そして、好ましい材料がたくさんある数少ない会社が見つかった場合のみ、最終ステップとして経営陣に話を聞きに行く。経営陣に会って、期待していたことがほぼ確認でき、懸念していたことに納得する答えを得ることができたときに初めて、私はそれまでの労力に報いる結果が得られるかもしれないと感じるのである。

この手法への反論は、もう何回も聞いているので知っている。一つの投資先を探すのにこれほどの時間はかけられないというのである。投資業界の人に話を聞けば、何を買うべきかについて教えてくれるのではないのか、とも言われる。このような反応をする人たちは、ぜひ周りを見回してみてほしい。一万ドルを投じて、あとはときどき経営陣が高い能力を維持しているかどうか確認するだけで、一〇年後にはそれが四～一五万ドルに増えるなどということがほかにあるだろうか。正しく成長株を選べば、このような報酬が得られるのである。一週間に一回、自宅でくつろぎながらブローカーが無料で配っている簡単な資料を読むだけで、同じことができると言われたら、それが理にかなった話などと思えるだろうか。最初に出会った投資家に一三五ドルの手数料（NYSE［ニューヨーク証券取引所］で二〇ドルの株を五〇〇株買った場合の手数料）を支払えば、だれでもこのような利益を得られると言われたら、納得できるだろうか。

私が知るかぎりで、こんな簡単にこれほどの報酬を得られる分野はほかにはない。ただ、あなたかあなたの投資顧問が株式市場でそれを達成するためには、ほかの分野で大きな報酬を得るための資質と同じ資質が必要だ。それが、多大な労力と優れた能力を、判断力と洞察力で強化することである。もしこのような資質を生かし、本章で紹介したルールをある程度守って、一五のポイントを満たしながら金融界の評価をまだ得ていない会社を見つけることができれば、それが適正に評価されたときに大きな富を生み出す成長株であることは実証されている。しかし、このような株はかなりの労力をかけなければ見つからないし、毎日、見つかるものでもない。

第11章　まとめと結論

私たちの生活水準が、これまでの五〇〇〇年よりもはるかに向上するであろう記録的な半世紀（一九五〇〜二〇〇〇年）に入って一〇年がすぎた。そして、最近の投資リスクは以前よりも大きくなっている。しかし、それよりも大きくなったのが、成功したときのリワード（報酬）だ。投資の分野においても、次の半世紀のリスクとリワードは、過去一世紀とは比べものにならないくらい大きくなるのかもしれない。

このような環境においては、状況をよく見極めて株を買わなければならない。私たちはまだ景気循環を克服できていない。それどころか、景気循環を弱めることすらできていない。その一方で、株式投資に大きく影響するいくつかの新しい要素も出てきた。そのひとつは、近代的な経営手法の誕生で、これによって株の投資先としての性質が強化されている。そして、もう一つは、経済が科学的な研究開発を応用し始めたことだ。

しかし、このような要素が登場しても、株式投資で成功するための基本的な原則は変わっていない。むしろ、これまで以上に重要になっている。本書は、この基本原則を紹介し、どのような株をいつ買うべきか、そして何よりも、その会社が並外れた成功を収める性質を維持しているかぎりけっして売るべきではない、ということを説明してきた。

これらのことに加えて、有能な投資家でもよく犯す間違いについて書いたセクションの重要性を少しでも理解してもらえたら幸いだ。ただ、投資の基本原則を学び、よくある間違いを理解しても、ある程度の忍耐と自制心がなければ成功することはできないということも覚えておいてほしい。ずっと以前に、私が知るかぎりで最も有能な投資家の一人が、株式市場では知能が高いことよりも精神力が高いことのほうがはるかに重要だと教えてくれた。シェークスピアも、無意識のうちに株式投資で成功する方法を示しておいてくれたようだ。「人のすることには潮時というものがある。うまく満ち潮に乗れば幸運（富）にたどり着く」

■著者紹介

フィリップ・A・フィッシャー（Philip A. Fisher）

1928年から証券分析の仕事を始め、1931年にコンサルティングを主としたフィッシャー・アンド・カンパニーを創業。現代投資理論を確立した１人として知られている。本書を執筆後、大学などでも教鞭を執った。著書に『投資哲学を作り上げる　保守的な投資家ほどよく眠る』（パンローリング）などがある。なお、息子であるケネス・L・フィッシャーは、運用総資産300億ドル以上の独立系資産運用会社フィッシャー・インベストメンツ社の創業者・会長兼CEO、フォーブス誌の名物コラム「ポートフォリオ・ストラテジー」執筆者、ベストセラー『ケン・フィッシャーのPSR株分析』『チャートで見る株式市場200年の歴史』『投資家が大切にしたいたった３つの疑問』（いずれもパンローリング）などの著者である。

■監修者紹介

長尾慎太郎（ながお・しんたろう）

東京大学工学部原子力工学科卒。北陸先端科学技術大学院大学・修士（知識科学）。日米の銀行、投資顧問会社、ヘッジファンドなどを経て、現在は大手運用会社勤務。訳書に『魔術師リンダ・ラリーの短期売買入門』『新マーケットの魔術師』（いずれもパンローリング、共訳）、監修に『高勝率トレード学のススメ』『ラリー・ウィリアムズの短期売買法【第２版】』『コナーズの短期売買戦略』『続マーケットの魔術師』『続高勝率トレード学のススメ』『ウォール街のモメンタムウォーカー』『グレアム・バフェット流投資のスクリーニングモデル』『勘違いエリートが真のバリュー投資家になるまでの物語』『Rとトレード』『完全なる投資家の頭の中』『３％シグナル投資法』『投資哲学を作り上げる　保守的な投資家ほどよく眠る』『システマティックトレード』など、多数。

■訳者紹介

井田京子（いだ・きょうこ）

翻訳者。主な訳書に『トレーダーの心理学』『スペランデオのトレード実践講座』『投資苑３　スタディガイド』『トレーディングエッジ入門』『千年投資の公理』『ロジカルトレーダー』『チャートで見る株式市場200年の歴史』『フィボナッチブレイクアウト売買法』『ザFX』『相場の黄金ルール』『内なる声を聞け』『FXスキャルピング』『プライスアクショントレード入門』『トレーダーのメンタルエッジ』『破天荒な経営者たち』『バリュー投資アイデアマニュアル』『遅咲きトレーダーのスキャルピング日記』『FX 5分足スキャルピング』『完全なる投資家の頭の中』（いずれもパンローリング）、『エルダー博士のトレードすべきか、せざるべきか』『エルダー博士のダイバージェンストレード』『勘違いエリートが真のバリュー投資家になるまでの物語』（いずれもパンローリング電子ブック）など、多数。

2016年8月3日　初版第1刷発行
2019年2月1日　　　第2刷発行

ウィザードブックシリーズ㉝238

株式投資で普通でない利益を得る

著　者　フィリップ・A・フィッシャー
監修者　長尾慎太郎
訳　者　井田京子
発行者　後藤康徳
発行所　パンローリング株式会社
〒160-0023　東京都新宿区西新宿7-9-18-6F
TEL 03-5386-7391　FAX 03-5386-7393
http://www.panrolling.com/
E-mail　info@panrolling.com
編　集　エフ・ジー・アイ（Factory of Gnomic Three Monkeys Investment）合資会社
装　丁　パンローリング装丁室
組　版　パンローリング制作室
印刷・製本　株式会社シナノ

ISBN978-4-7759-7207-6

関連書

ウィザードブックシリーズ 233

完全なる投資家の頭の中
マンガーとバフェットの議事録

定価 本体2,000円+税　ISBN:9784775972021

バフェットのビジネスパートナー、チャーリー・マンガーのすべて

本書は、マンガーへのインタビューや彼の講演、文章、投資家への手紙、そして、たくさんのファンドマネジャーやバリュー投資家やビジネス事例史家の話から抽出した要素を再構築して、マンガーの投資戦略に不可欠なステップを明かした初めての試みである。ベンジャミン・グレアムのバリュー投資システムから派生したマンガーの手法は非常に明快で、普通の投資家でもすぐに自分のポートフォリオに応用できる。しかし、本書はただの投資本ではない。これはあなたの人生を助けるメンタルモデルを育んでいくための教えでもあるのだ。

ウィザードブックシリーズ 230

勘違いエリートが
真のバリュー投資家になるまでの物語

定価 本体2,200円+税　ISBN:9784775971994

バフェットとのランチ権を65万ドルで買った男！

本書は、ウォール街の闇に直面した若者が、賢明な道を見つけ、それによってはるかに大きな報酬（金銭的にも人間的にも）を得るまでの興味深い物語である。著者は、偏見を捨て、ロールモデルから学び、ありのままの自分を受け入れて大きな成功をつかんだ。本書は非常に意味深い内容であるにもかかわらず、投資の世界に関心を持ち、自分の道を切り開いていきたい人にとっては素晴らしい実用的な指針になっている。

ウィザードブックシリーズ 227

ウォール街のモメンタムウォーカー

定価 本体4,800円+税　ISBN:9784775971949

「効率的市場仮説」を支持したサミュエルソンはなぜ投資先をバークシャーにしたのか

効率的市場仮説は経済理論の歴史のなかで最も重大な誤ちの1つである市場状態の変化をとらえ、低リスクで高リターンを上げ続ける戦略

ベンジャミン・グレアム

1894/05/08 ロンドン生まれ。1914 年アメリカ・コロンビア大学卒。ニューバーガー・ローブ社（ニューヨークの証券会社）に入社、1923-56 年グレアム・ノーマン・コーポレーション社長、1956 年以来カリフォルニア大学教授、ニューヨーク金融協会理事、証券アナリストセミナー評議員を歴任する。バリュー投資理論の考案者であり、おそらく過去最大の影響力を誇る投資家である。

ウィザードブックシリーズ 10

賢明なる投資家

割安株の見つけ方と バリュー投資を成功させる方法

電子書籍版あり　オーディオブックあり

定価 本体3,800円+税　ISBN:9784939103292

市場低迷の時期こそ、威力を発揮する「バリュー投資のバイブル」

ウォーレン・バフェットが師と仰ぎ、尊敬したベンジャミン・グレアムが残した「バリュー投資」の最高傑作！ だれも気づいていない将来伸びる「魅力のない二流企業株」や「割安株」の見つけ方を伝授。

ウィザードブックシリーズ24

賢明なる投資家【財務諸表編】

定価 本体3,800円+税　ISBN:9784939103469

ベア・マーケットでの最強かつ基本的な手引き書であり、「賢明なる投資家」になるための必読書！　ブル・マーケットでも、ベア・マーケットでも、儲かる株は財務諸表を見れば分かる！

ウィザードブックシリーズ87

新 賢明なる投資家(上)

定価 本体3,800円+税　ISBN:9784775970492

古典的名著に新たな注解が加わり、グレアムの時代を超えた英知が今日の市場に再びよみがえる！みなさんが投資目標を達成するために読まれる本の中でも最も重要な1冊になるに違いない。

ウィザードブックシリーズ88

新 賢明なる投資家(下)

定価 本体3,800円+税　ISBN:9784775970508

原文を完全な状態で残し、今日の市況を視野に入れ、新たな注解を加え、グレアムの挙げた事例と最近の事例とを対比。投資目標達成のために読まれる本の中でも最も重要な1冊となるだろう。

ウィザードブックシリーズ 44

証券分析【1934年版】

定価 本体9,800円+税　ISBN:9784775970058

「不朽の傑作」ついに完全邦訳！ 研ぎ澄まされた鋭い分析力、実地に即した深い思想、そして妥協を許さない決然とした論理の感触。時を超えたかけがえのない知恵と価値を持つメッセージ。

ウィザードブックシリーズ207

グレアムからの手紙

定価 本体3,800円+税　ISBN:9784775971741

ファイナンスの分野において歴史上最も卓越した洞察力を有した人物のひとりであるグレアムの半世紀にわたる證券分析のアイデアの進化を示す貴重な論文やインタビューのコレクション。